후백제 전쟁사 연구

후백제 전쟁사 연구

문 안 식 지음

혜안

책머리에

필자는 1994년에 대학원에 진학한 이래 주로 백제사를 공부해 왔다. 그 중에서 주로 지방세력의 존재 양태를 검토하였는데,『백제의 영역확장과 지방통치』(신서원, 2002)와『한국고대의 지방사회』(혜안, 2004)의 출간은 그 산물이었다. 또한 백제의 변방에 위치한 영서 말갈에 관심을 갖고『한국고대사와 말갈』(혜안, 2003)을 출간하였다.

그러나 영역확장과 변방지역 연구를 통해서 백제사의 흐름과 동향을 살펴보는 것은 한계가 적지 않았다. 백제사의 전체 맥락을 이해하면서 연구를 전개할 필요성을 절감하여 건국부터 멸망할 때까지 중요한 고비마다 수없이 치렀던 전쟁을 주제로 하여『백제의 흥망과 전쟁』(혜안, 2006)을 출간하는 성과를 올릴 수 있었다.

필자는『백제의 흥망과 전쟁』원고를 출판사에 넘긴 후 후백제의 전쟁사를 고찰하기 위해 자료를 정리하고 현장 답사를 실시해 왔다. 백제사를 공부하면서 배양된 연구 방법과 자료를 후백제사 연구에 활용하여 양자를 비교 검토하면 적지 않은 성과를 올릴 수 있을 것으로 판단하였다. 백제의 전쟁사 연장선상에서 후백제의 전쟁사를 살펴보고 싶은 욕심 때문에 2년 동안 전공 분야 밖으로 외도를 한 셈이다.

후백제에 대한 기초적인 지식마저 부족한 상태에서 전쟁사를 검토하는 작업은 쉽지 않았다. 사료에 단편적으로 언급되어 있는 개별 전투의 전개 과정과 그 결과를 추론하고 위치를 비정하는 것은 결코 쉬운 일이 아니었다. 전라도의 산촌 고장 화순 출생인 필자가 몇 차례의 현장 답사를 통해 경상도와 충청도의 옛 도로와 교통 여건, 지형 및 지세, 성곽의 배치 상태 등을 해당 전투와 연결하는 과정에서 오류를 범했을 가능성도 없지 않다.

그럼에도 불구하고 본서는 전쟁을 주제로 하여 후백제의 흥망성쇠를 다룬 최초의 시도라는 점에서 자못 의의가 있다. 연구 성과가 일천하여 통사 한권 제대로 출간되지 못한 상황에서 후백제의 건국부터 멸망의 순간까지 벌어진 대소 전투를 다룬 체계적인 전쟁사 연구는 본서가 처음일 것이다.

새로운 분야에 대한 탐구와 언제나 즐겁고 유쾌한 현장 답사는 집필의 고통과 어려움을 상쇄해 준다. 또한 답사를 동행해 주는 등 이런저런 도움을 주신 분들의 존재는 고향에서 살아가는 또 다른 행복이다. 본서의 간행은 학문적 가르침을 주신 이기동, 이종범, 전지용 교수님을 비롯한 여러 선생님의 學恩 외에 박칠석, 강정권, 조길종, 오석민, 임봉택, 정승태, 박재필, 조동일, 최필주, 김재광, 최용고, 이완성, 박종일, 윤유갑을 비롯한 향우들의 후원으로 이루어질 수 있었다. 또한 지도 작성을 도와주신 조선대 사학과 전승호 조교와 김혜미, 오은아 두 학생의 노력도 잊을 수 없다.

끝으로 상업성이 별로 없는 본서의 간행을 기꺼이 맡아주신 도서출판 혜안의 오일주 대표님과 편집부 여러분께도 감사 말씀을 드린다.

2008년 겨울
무등산의 고운 자태가 잘 보이는 연구실에서
문 안 식

목 차

제1장
견훤의 거병과 후백제 건국

1. 신라의 쇠퇴와 호족의 성장

신라는 백제와 고구려를 차례로 멸망시킨 후 나당전쟁을 승리로 이끌어 삼국통일의 위업을 달성하였다. 통일 후 신라는 무열왕계의 전제왕권[1]이 확립되어 문무왕-신문왕-효소왕-성덕왕-효성왕을 거쳐 경덕왕 때까지 유지되었다. 그러나 경덕왕 때에 이르러 귀족들이 세력을 확장하여 전제왕권이 흔들리기 시작하였다.

경덕왕은 왕권강화를 위해 관제정비와 개혁조치를 단행하였다. 경덕왕은 747년에 중시(中侍)의 명칭을 '시중(侍中)'으로 바꾸었으며 국학의 여러 학업 과정에 박사(博士)와 조교를 두어 유학 교육을 진흥시키고,[2] 748년에는 정찰(貞察) 1명을 두어 관리를 규찰[3]하게 하여 전제왕권체제를 유지하려 하였다. 이밖에도 749년에 천문박사(天文博士) 1명과 누각박사(漏刻博士) 6인,[4] 758년에는 율령박사(律令博士) 2인[5]을 두었다. 이는 모두 이상적인 유교정치의 기술적인 분야를 발전시키려는 데 그 목적이 있었다.

경덕왕의 개혁정치는 귀족세력을 견제하고 전제왕권체제를 강화하

---

1) 현재 학계에서는 신라 중대사회를 흔히 전제왕권의 시대로 부르고 있다(李基白, 1990, 『韓國史新論』 수정판, 일조각, 107~108쪽). 그런데 전제왕권은 왕의 一人獨裁가 아니라 관료제도의 뒷받침을 받으면서 소수의 귀족·외척 세력의 정치적 지지와 타협 아래 존속된 것으로 보고 있다(申瀅植, 1990, 「통일신라 전제왕권의 성격」, 『통일신라사연구』, 삼지원).

2) 『三國史記』 권9, 新羅本紀9, 景德王 6年.

3) 『三國史記』 권9, 新羅本紀9, 景德王 7年.

4) 『三國史記』 권9, 新羅本紀9, 景德王 8年.

5) 『三國史記』 권9, 新羅本紀9, 景德王 17年.

기 위한 한화정책(漢化政策)으로 이어졌다. 한화정책은 중대 왕권이 골품제의 속박에서 벗어나 줄기차게 시도한 전제왕권 추구의 상징적인 표현이었다.[6] 경덕왕은 귀족세력과 대립보다는 정치적 타협을 통하여 한화정책을 추진하였다. 이는 녹읍의 부활이 757년 3월에 이루어져 12월에 시행된 한화정책보다 먼저 시행된 사실을 통해 입증된다.[7]

전제왕권이 붕괴될 무렵에 추진된 한화정책은 시대의 흐름을 되돌릴 수 없었다. 경덕왕을 계승한 혜공왕 12년(776)에 관직의 명칭이 모두 옛 이름으로 환원된 것[8]은 그 실패를 반영한다. 그리하여 혜공왕 때에 이르러서는 귀족세력의 정치적 비중이 왕권보다 높아지게 되었다.

혜공왕은 태종무열왕의 직계 자손으로 계승된 신라 중대사회의 마지막 국왕이었다. 혜공왕 때에는 집사부 중시(中侍)를 중심으로 전제왕권 체제를 구축했던 중대사회의 모순이 파탄 직전에 이르렀다. 또한 전제왕권의 견제 하에 있던 귀족세력들이 정치일선에 등장하여 왕위쟁탈전을 전개함으로써 정치적으로 매우 불안정한 시기였다.

혜공왕은 8세에 즉위하여 16년 동안 왕위에 있으면서 수 많은 정치적 반란사건을 겪었다. 혜공왕은 재위 2년 정월에는 두 해(二日)가 출현하여 불길한 장래를 예고하였으며, 4년에는 대공(大恭)의 난이 일어났다. 대공의 난은 왕도(王都) 및 5도(道) 주군(州郡)의 96각간(角干)이 서로 싸우는 등 전국에 걸친 대반란으로 확대되었다.[9]

---

6) 李基白, 1958, 「신라 혜공왕대의 정치적 변혁」, 『사회과학』 2.

7) 金英美, 1985, 「통일신라시대 아미타신앙의 역사적 성격」, 『한국사연구』 50
    · 51合, 74쪽.

8) 『三國史記』 권9, 新羅本紀9, 惠恭王 12年.

9) 『三國遺事』 권2, 紀異2, 惠恭王.

혜공왕 재위 기간 중에 중대사회를 무너뜨리고 하대사회를 만든 핵심적인 인물이었던 김양상(金良相)은 꾸준히 세력을 키워 나갔다. 김양상이 774년(혜공왕 10)에 상대등에 임명된 것[10]은 왕권에 대항한 귀족세력이 정권을 장악하였음을 의미한다. 이로써 전제왕권 중심의 중대사회에서 귀족중심의 하대사회로의 전환이 시작되었다.

한편 전제왕권을 지지하는 세력들도 정권유지를 위한 다양한 노력을 기울였다. 혜공왕은 재위 기간 동안 11회에 걸쳐 조공(朝貢), 하정(賀正), 사은(謝恩) 사절을 당(唐)에 파견하였다. 혜공왕과 그 측근들은 당과의 대외교섭을 주도하면서 왕권강화와 대외적 권위를 유지하려고 하였다.[11]

그러나 김양상은 혜공왕에게 상소를 올려 시국의 정치를 극론[12]하는 등 정국의 주도권을 장악해 나갔다. 이에 맞서 혜공왕은 같은 무열왕계인 김주원(金周元)[13]을 시중에 임명하여 김양상 일파를 견제하려고 하였다. 또한 김지정(金志貞)도 혜공왕을 후원하기 위해 군사를 모아 김양상과 그 일파에 대항하였으나 오히려 자신이 살해되고 말았다.[14]

그 와중에 혜공왕과 왕비마저 살해되면서 중대사회는 종식을 고하게 되었다. 혜공왕이 죽은 후 김양상은 김경신(金敬信) 등의 추대를 받아 왕위에 올라 선덕왕이 되면서 하대사회가 열리게 되었다. 선덕왕은 왕

---

10) 『三國史記』 권9, 新羅本紀9, 惠恭王 10年.

11) 金壽泰, 1991, 『신라 중대 전제왕권과 진골귀족』, 서강대 대학원 박사학위논문, 159~161쪽.

12) 『三國史記』 권9, 新羅本紀9, 惠恭王 13年.

13) 『三國史記』 권9, 新羅本紀9, 惠恭王 13年.

14) 『三國史記』 권9, 新羅本紀9, 惠恭王 11年.

위에 오른 지 6년 만에 사망하고 김경신이 어려움을 극복하고 즉위하여 원성왕이 되었다.

원성왕은 즉위 과정에서 중대사회를 이끌었던 무열왕계의 강한 도전에 직면하여 상당한 시련을 겪었다. 선덕왕이 사망한 후 정통성 있는 계승자는 무열왕계의 김주원이었다. 그러나 김주원은 조정의 실권을 장악하고 있는 상대등 김경신 일파의 계략[15]에 말려 왕위계승에서 밀려나 명주로 낙향하고 말았다.[16] 이로써 중대사회를 주도하였던 무열왕계는 완전히 몰락하고 신라 조정은 범내물왕계(汎奈勿王系)가 주도하게 되었다.

그러나 권력에서 밀려난 무열왕계의 저항도 만만치 않았다. 김주원의 아들인 김헌창(金憲昌)과 손자 범문(梵文)은 중앙정부에 맞서 반란을 꾀하였다. 김헌창은 부친이 왕위에 오르지 못한 것에 원한을 품고 거사를 하였는데 5개 주(州)와 3개 소경(小京)이 호응하였다.[17]

신라 정부는 김헌창의 반란을 겨우 진압하였지만, 지방에 대한 통제력이 약화되는 계기가 되었다. 김헌창이 일으킨 반란을 여러 지방에서 적극 호응한 것은 원성왕의 권력집중에 대한 반발 때문으로 추정된다. 김헌창의 반란이 진압된 3년 후에 그 아들 범문은 고달산의 무리들과 함께 반란을 꾀하였다. 범문은 평양에 도읍을 세우기 위하여 북한산주를 공격하였으나 도독 총명(聰明)의 군사에게 패하여 살해되고 말았다.[18]

---

15) 李基白, 1974, 『新羅政治社會史研究』, 일조각, 119~120쪽.

16) 『三國史記』 권10, 新羅本紀10, 元聖王 卽位年 前文.

17) 『三國史記』 권10, 新羅本紀10, 憲德王 14年.

김헌창 부자의 두 차례에 걸친 반란은 실패로 끝났지만 호족세력이 대두하여 지방에 할거하는 계기가 되었다. 또한 이는 830년대 후반 원성왕계 내부의 왕위계승분쟁을 유발시킨 심리적 원인이 되었다.[19] 이를 계기로 신라의 국내정세는 심각한 위기 상황으로 나아가기 시작하였다. 신라의 지배층은 김헌창의 난에서 노출되었듯이 귀족 상호간의 연대감이 파괴되어 심각한 분열상을 드러냈다.

그리하여 진골귀족들 사이에 왕위계승을 둘러싼 치열한 분쟁이 시작되었다. 신라는 혜공왕이 780년에 살해된 이후 선덕왕 – 원성왕 – 소성왕 – 애장왕 – 헌덕왕 – 흥덕왕 – 희강왕 – 민애왕 – 신무왕 – 문성왕 – 헌안왕으로 이어지는 피비린내나는 왕위계승분쟁을 80여 년 동안 겪었다.

신라 하대의 극심한 왕위계승분쟁은 경문왕(재위 861~875)이 즉위하면서 수습되었다. 경문왕을 보좌한 인물 중에는 요원랑(邀元郎)과 예흔랑(譽昕郎) 등의 화랑 출신이 많았다. 경문왕은 근시기구(近侍機構)를 설치하여 화랑 출신들을 가까이 두는 측근정치를 실시하였다.[20]

경문왕의 왕권강화책은 효과를 발휘하여 오랫동안 지속되어 왔던 왕위계승분쟁이 중지되었다. 경문왕의 사후에 아들 정(晸)은 헌강왕(재위 875~886), 황(晃)은 정강왕(재위 886~887), 딸 만(曼)은 진성여왕(재위 887~897)으로 연이어 즉위하였다.

그러나 경문왕과 직계 자녀로 이어진 순탄한 왕위계승에도 불구하

---

18) 『三國史記』 권10, 新羅本紀10, 憲德王 17年.

19) 李基東, 1996, 「귀족사회의 분열과 왕위쟁탈전」, 『한국사11·신라의 쇠퇴와 후삼국』, 국사편찬위원회, 27쪽.

20) 李基東, 1978, 「羅末麗初 近侍機構와 文翰機構의 擴張」, 『歷史學報』 77.

고, 진골귀족 사이의 오랜 분쟁은 일시에 바로잡을 수 없었다. 경문왕 6년(866)에는 이찬 윤흥(允興)과 그 동생 숙흥(叔興)·계흥(季興)의 모반이 일어났다.[21] 경문왕 8년(868)에는 이찬 김예(金銳)와 김현(金鉉) 등의 모반이 이어졌고,[22] 경문왕 14년(874)에는 근종(近宗) 등이 모반하였다.[23] 헌강왕이 즉위한 후에도 반란이 지속되어 879년에는 일길찬 신홍(信弘)이 복주(伏誅 : 죽음을 당함)되었다.[24]

신라는 거듭되는 반란과 더불어 886년에 이르러 말갈족의 일파인 적국인(狄國人)이 북진(北鎭)을 침입[25]하는 등 내우외환에 시달렸다. 신라는 반란과 외침으로 인하여 중앙집권력이 약화되고 지방에 대한 통제력이 상실되어 갔다.

한편 지방에서는 낙향한 귀족이나 지방의 토착세력이 중앙정부의 통제력이 약화된 틈을 이용하여 독자적인 세력을 구축하여 호족으로 성장하였다. 이들은 중앙에서 지방으로 몰락해 내려간 귀족도 있었지만, 지방의 토착적인 촌주(村主) 출신이 훨씬 많았다. 호족들은 자기의 세력기반인 향리(鄕里)에 대한 애착심을 바탕으로 중앙정부의 지배로부터 독립하려는 자세를 견지하였다.[26]

---

21)『三國史記』권11, 新羅本紀11, 景文王 6年.

22)『三國史記』권11, 新羅本紀11, 景文王 8年.

23)『三國史記』권11, 新羅本紀11, 景文王 14年.

24)『三國史記』권11, 新羅本紀11, 憲康王 5年.

25)『三國史記』권11, 新羅本紀11, 憲康王 12年.

26) 호족은 신라의 지방에 대한 통제력이 약화되자 전국 각지에서 대두하였다. 이들은 대체로 출신에 따라 落鄕貴族 출신의 호족, 軍鎭勢力 출신의 호족, 海上勢力 출신의 호족, 村主 출신의 호족으로 구분된다(鄭淸柱, 1996,『新羅末·高麗初 豪族研究』, 일조각, 217쪽).

호족은 행정·군사·경제적인 측면에서 자신의 관할지역에 대한 지배권을 행사하면서 반독립적인 상황에 놓여 있었다.[27] 이들은 호족 외에 성주(城主) 혹은 장군(將軍)으로 불렸으며, 그들의 영향력이 미치는 곳의 백성들을 지배하면서 독자적인 군사력을 보유하였다.[28]

호족들이 지방에서 반독립적인 세력을 형성하자 신라 왕실의 권위는 땅에 떨어졌다. 호족들은 자신들의 세력이 미치는 지역을 중심으로 성을 쌓고 스스로 성주라 칭하며, 여러 권한을 행사하고 가혹한 수탈을 일삼아 농민들의 생활은 극도로 참혹해졌다.

호족들의 압박과 수탈에 시달린 사람들은 유민이 되어 사방으로 흘러 다니다가, 귀족들의 장원에서 생활하며 사병이나 노예가 되기도 하였다. 헌강왕은 백성들의 가난과 고통에도 아랑곳하지 않고

A. 9월 9일에 왕이 좌우의 신하들과 함께 월상루(月上樓)에 올라가 사방을 둘러 보았는데, 서울 백성의 집들이 서로 이어져 있고 노래와 음악소리가 끊이지 않았다. 왕이 시중 민공(敏恭)을 돌아보고 말하였다. "내가 듣건대 지금 민간에서는 기와로 지붕을 덮고 짚으로 잇지 않으며, 숯으로 밥을 짓고 나무를 쓰지 않는다고 하니 사실인가?" 민공이 "신(臣)도 역시 일찍이 그와 같이 들었습니다."라고 아뢰었다. "임금께서 즉위하신 이래 음양(陰陽)이 조화롭고 비와 바람이 순조로워 해마다 풍년이 들어, 백성들은 먹을 것이 넉넉하고 변경은 평온하여 민간에서 즐거워하고 있습니다. 이것은 거룩하신 덕의 소치입니다." 왕이 기뻐하며 말하였다. "이는 경들이 도와준 결

---

27) 李基白, 1974, 「고려귀족사회의 성립」, 『한국사』 4, 국사편찬위원회.

28) 河炫綱, 1974, 「고려왕조의 성립과 호족연합정권」, 『한국사』 4, 국사편찬위원회, 45쪽.

과이지 짐(朕)이 무슨 덕이 있겠는가?"[29)

라고 하였듯이, 지방민의 수탈을 바탕으로 사치와 방탕을 즐겼다. 헌강
왕은 그 다음해에도 군신들과 더불어 임해전에서 성대한 연회를 베풀
었는데, 술이 얼근하게 취하자 스스로 거문고를 탔고 좌우의 신하들은
가사(歌詞)를 지어 바치며 유흥을 즐기는 등 신라는 내부로부터 붕괴되
고 있었다.[30)

이와 같은 상황 속에서 농민의 유망은 심화되고 반발은 커져갔다.
왕실과 귀족의 사치와 향락생활은 농민을 더욱 벼랑 끝으로 몰아넣었
다. 진성여왕이 즉위한 후에 총애를 받은 몇몇 권신들이 횡포를 일삼으
면서 정치기강은 더욱 문란해졌다.

진성여왕은 즉위 후 지방민의 조세를 면제하고 황룡사에 백좌강경
(百座講經)을 설치하는 등 민심수습에 노력하였다.[31) 그러나 진성여왕
은 재위 2년 만에 숙부이자 남편이었던 상대등 위홍이 죽자 국정운영을
소홀히 하고 문란한 생활에 빠져들었다.

진성여왕은 젊은 미남자들을 불러들여 음란하게 지내고 그들에게
요직을 주어 정치를 맡겼다. 신라 조정은 여왕의 총애를 받는 자들이
국정을 전담하여 뇌물 수수가 횡행하고 상벌이 공평하게 시행되지 못
하면서 정치기강이 문란해졌다. 대야주(大耶州)에 은거하여 있던 현자
왕거인(王巨人)은 정치를 풍자하고 세상을 조롱하다 투옥되기도 하였

---

29) 『三國史記』 권11, 新羅本紀11, 憲康王 6年.

30) 『三國史記』 권11, 新羅本紀11, 憲康王 7年.

31) 『三國史記』 권11, 新羅本紀11, 眞聖王 元年.

다.32)

신라의 붕괴와 파탄은 왕과 귀족들의 방탕, 사치 향락 외에 생존권 박탈에 직면한 농민저항으로 구체화 되었다. 신라의 농민층은 곤궁해 진 시대적 상황 속에서 원성왕 4년(788) 이후 지방을 중심으로 자신들의 대응방식을 구체적으로 마련해 나가기 시작하였지만 정부는 '도적' 등 으로 부르면서 적대시하였다.

그 와중에 진성여왕 3년(889)에 이르러 소위 '원종·애노의 반란'으 로 비화되는 최악의 상황에 직면하게 되었다. 신라 중앙정부의 권위는 실추되고 공권력은 무력화되면서 후삼국 형성의 기틀을 마련하는 방향 으로 나아가고 있었다.

신라는 지방의 주군(州郡)에서 세금이 들어오지 않게 되어 국고가 텅 비게 되었다. 또한 자연재해로 인한 흉년과 기근이 심해지면서 농민 의 유망현상은 일반화되었다. 이러한 현상은 어느 한 곳에서만 발생한 것이 아니라,

> B-1. 신라가 말년에 쇠미하여지자 정치가 어지럽고 백성들이 흩어졌 다.33)
> 2. 기강은 문란해지고 게다가 기근이 곁들어 백성들이 유리하고 도적 들이 벌떼와 같이 일어났다.34)

라고 하였듯이, 전국에 걸쳐 광범위하게 일어나고 있었다. 농민들의

---

32) 『三國史記』 권11, 新羅本紀11, 眞聖王 2年.

33) 『三國史記』 권50, 列傳10, 弓裔.

34) 『三國遺事』 권2, 紀異2, 後百濟 甄萱.

유망은 국가에 조세·공부·역역을 납부해야 하는 호구의 감소를 가져왔다. 이는 국가재정의 궁핍을 초래하여 농민의 조세납부 토대 위에서 운영되던 국가재정의 파탄을 초래하였다.

중앙정부는 관리들의 녹봉 지급이 어려워졌고 기근과 흉년, 질병에 시달린 농민을 구휼할 수 없게 되었다. 진성여왕은 지방의 군현에서 공부를 수송하여 오지 않아 국가의 재정이 고갈되자

> C. 국내의 여러 주군(州郡)이 공부를 바치지 아니하여 국고가 텅비고 용도가 궁핍하여졌다. 왕이 사신을 보내어 독촉하자 이로 말미암아 각지에서 도적이 벌떼와 같이 일어났다. 이에 원종(元宗), 애노(哀奴) 등이 사벌주에서 의거하여 반란을 일으키니 나마(奈麻) 영기(令奇)에게 명하여 잡게 하였다. 영기가 적진을 쳐다보고는 두려워 나아가지 못하였다. 촌주 우련(祐連)이 힘껏 싸우다가 사망하였다.[35]

라고 하였듯이, 지방에 사자(使者)를 보내어 조세를 독촉하였다. 이를 계기로 농민의 반발은 전국으로 확산되어 각지에서 조세의 납부를 거부하고 반란이 요원의 들불처럼 일어났다.

신라 중앙정부의 폭거에 맞서 가장 먼저 봉기한 인물은 경북 상주시 일원을 치소(治所)로 하였던 사벌주(沙伐州)의 원종과 애노였다. 이들은 진성여왕의 조세 독촉에 반발하여 889년에 첫 봉화를 들었다. 원종과 애노의 반란을 계기로 전국의 곳곳에서 봉기가 잇따랐다.

기훤(箕萱)과 양길(梁吉)은 각각 죽주(竹州 : 경기 안성)와 북원(北原 : 강원 원주)에서 거병하여 상당한 세력을 형성하였다. 궁예(弓裔)는

---

35) 『三國史記』권11, 新羅本紀11, 眞聖王 3年.

안성 죽주산성의 성벽 일부 | 죽주산성은 기훤이 근거지로 삼아 경기 남부지역을 통치하였을 가능성이 높다.

처음에는 기훤에게 투탁하였으나 여의치 않자 양길에게 의지하였다. 궁예는 기훤이 얕보고 거만하여 예로써 대접하지 않자 불만을 품고 불안해하여 원회(元會)·신훤(申萱)과 함께 양길의 휘하로 들어갔다.[36]

전국 각지에서 호족세력이 등장하여 독자적인 세력을 구축하기 시작할 무렵 견훤(甄萱)도 남해안에서 무리를 모아 봉기의 대열에 합류하였다. 견훤은 남해안을 지키는 해안 요충지의 하급 장교로 재직하면서 주위의 신망을 받으며 무리를 모아 892년에 거병하였다. 견훤은 거병에 성공한 후 따르는 무리를 이끌고 무진주로 진격하여 후백제 건국의

---

36) 궁예는 891년에 양길의 명령을 받들어 기병 100명을 이끌고 北原의 동쪽 고을과 溟州 관내의 酒泉(강원 영월) 등 10여 군현을 습격하였다. 궁예는 치악산 石南寺에 머물면서 酒泉(영월군 주천면), 奈城(영월읍), 鬱烏(평창군 평창읍), 御珍(울진군 울진읍) 등의 고을을 점령하였다(『三國史記』 권50, 列傳10, 弓裔).

기틀을 마련하였다.[37]

그 외에도 송악 일대에서는 왕륭(王隆)과 왕건(王建) 부자가 두각을 나타내기 시작하였고, 남해안지역에는 김해의 김인광(金仁匡) 등이 해상활동을 통해 성장해 나갔다.[38] 동해안의 명주지방(강원 강릉)에서는 김순식(金順植 : 王順植)이 등장하여 무시할 수 없는 집단으로 성장하였다.[39]

이와 같이 전국 각지에서 호족세력이 벌떼처럼 일어나 대부분의 주현들이 중앙정부의 지배에서 벗어나게 되면서 신라의 지방통치는 무너져 내렸다. 신라의 통치범위는 경주와 그 주변지역에 그쳤고, 전 국토는 대부분 호족들의 수중에 들어갔다. 또한 진성여왕 10년(896)에는 적고적(赤袴賊)이 경주의 서부 모량리(牟梁里)까지 진출하여 민가를 약탈하는 등 수도의 안위조차 불안해졌다.

이러한 상황 속에서 당나라에 유학하고 돌아온 최치원(崔致遠)이 진성여왕 8년(894)에 시무10조(時務十條)를 제시하여 국정개혁을 주장하였다.[40] 최치원의 개혁안은 육두품 중심의 유교적 정치이념을 통해 왕권강화를 추진하는 것으로 진골귀족의 이익과 배치되었다. 따라서 최치원이 주장한 개혁정치는 시행되지 못하였고 신라의 붕괴는 막을 수

---

37) 『三國史記』 권50, 列傳10, 甄萱.

38) 김인광의 사회적 지위와 출신에 대해서는 다음의 글을 참조하기 바란다. 崔柄憲, 1978, 「신라말 김해지방의 호족세력과 선종」, 『한국사론』 4.

39) 김순식 및 그의 부친 허월은 명주의 대호족 金周元系와는 혈연이 닿지 않고, 그 휘하의 중소호족 출신으로 보고 있다(尹熙勉, 1982, 「신라하대의 성주·장군」, 『한국사연구』 39, 65쪽).

40) 『三國史記』 권11, 新羅本紀11, 眞聖王 8年.

없었다.

진성여왕은 신라의 붕괴가 임박한 가운데 재위 7년(893)에 당나라에 사신을 보내어 정절(旌節)을 환납하면서 선왕(先王)에 대한 추봉과 자신의 책봉을 시도하였다.[41] 그러나 신라 조정의 부패와 무능은 시대정신의 변화와 새로운 역사 주체로서 호족의 등장을 막아 낼 수 없었다. 신라 붕괴의 서막을 원종과 애노가 주동한 농민봉기가 담당하였다면, 후삼국시대 개막의 주인공은 남해안을 지키던 지방군의 하급 무관으로 재직하던 견훤이었다.

2. 견훤의 거병과 무진주 장악

견훤(甄萱)은 상주 가은현(문경시 가은읍)에서 아자개(阿慈介)의 큰아들로 태어났다. 견훤의 출생에 대하여 『삼국사기(三國史記)』[42]와 『삼국유사(三國遺事)』[43]에 모두 상주의 장군이었던 아자개의 아들로 기록되어 있다. 또한 문경시 가은읍에는 견훤이 출생한 곳으로 알려진 갈전리 아차동의 금하굴과 관련하여 다음과 같은 전설이 전해지고 있다.

> A. 아차동의 한 부유한 가정에 규중처녀가 있었는데 밤이면 가만히 처녀방에 이목이 수려한 초립동이 나타나서 처녀와 정담을 하다가 동침까지 하고는 새벽이면 흔적 없이 사라지고 또 다시 밤이면 나타

---

41) 이기동, 2006, 「후삼국시대의 전개와 신라의 종언-내란기 신라조정의 내부사정」, 『신라문화』 27집, 동국대학교 신라문화연구소, 10쪽.

42) 『三國史記』 권50, 列傳10, 甄萱.

43) 『三國遺事』 권2, 紀異2, 後百濟 甄萱.

나고 하기를 무릇 수개월에, 처녀는 잉태하여 배가 부르게 되니 하는 수 없이 처녀는 부모에게 사실을 실토하게 된다. 처녀의 말을 들은 부모는 깜짝 놀라, 딸에게 말하기를 그 사나이가 오거든 평상시와 같이 잠을 자다가 그 사나이 모르게 옷자락에 바늘로 실을 꿰어 매라고 일러놓고 밤에 가만히 엿보았다. 밤이 되자 과연 말대로 이목이 수려한 초립동이가 나타나는지라 더욱 놀랍고도 이상하여 시종 동정만 살폈으나 역시 새벽이 되니 초립동은 흔적 없이 사라졌다. 실오리를 따라서 계속 찾아가 보니 굴(금하굴)로 들어간지라 그 굴속에 들어가 보니 커다란 지렁이 몸에 실이 감기어 있었다. 그 후로는 초립동이 나타나지 않고 10개월이 지난 후에 처녀는 옥동자를 출산하였으니 그가 후에 견훤이라고 알려졌다. 그러한 뒤부터 금하굴 속에서는 풍악 울리는 소리가 나기 시작했다. 이 풍악소리는 수백년이 지나도록 여전히 울려나와 구경꾼이 쇄도하여 동리에 작폐가 심하여 동민들이 금하굴을 메워버렸다고 한다. 그 후부터 풍악소리가 없어졌는데, 그 풍악소리가 없어지자 동네에는 불상사가 자주 일고 불운이 겹쳐 동리가 많이 피폐해졌다고 한다.[44]

금하굴과 관련된 견훤 탄생설화는 『삼국유사』에 인용된 고기(古記)의 내용과 일맥상통한다.[45] 그러나 견훤이 탄생한 곳은 금하굴이 아니라 그 부근의 농바위라는 전설도 전해지고 있다.

---

44) 문경시, 1996, 『견훤의 출생과 유적』, 122쪽.

45) 해방후 동민들이 다시 의논하여 매몰됐던 이 금하굴을 원형대로 파내고 원래의 모습대로 복구하였다. 금하굴의 내부는 석회동굴로서 석순 종유석 등이 장관을 이루며 아직 이 동굴 심부 탐색은 되지 않아 깊이와 내부의 구조는 정확히 파악되지 않았다.

견훤의 출생지로 알려진 금하굴 전경

    견훤의 출신 내력과 성장 과정은 아자개의 가격(家格)과 사회적 지위
를 통해서 살펴볼 수 있다. 아자개는 본래 상주 가은현의 농민 출신이었
으나

> B-1. 견훤은 상주 가은현 사람이다. 본래의 성은 이씨(李氏)였으나 후에
> 견(甄)으로 성씨를 삼았다. 아버지 아자개는 농사를 지으며 살아오
> 다가 후에 가문을 일으키어 장군이 되었다. 이보다 앞서 견훤이
> 태어나 어린 아기였을 때 아버지가 들에서 일하면 어머니가 식사
> 를 날라다 주었는데, 아이를 나무 수풀 밑에 놓아두면 호랑이가
> 와서 젖을 먹였다. 시골에서 이 말을 들은 사람들이 기이하게 여겼
> 다.[46]
>
> 2. 견훤은 상주 가은현 사람으로, 함통(咸通) 8년 정해에 태어났다.

---

46) 『三國史記』 권50, 列傳10, 甄萱.

근본성은 이씨였는데 뒤에 견씨로 고쳤다. 아버지 아자개는 농사지어 생활했었는데, 광계(光啓) 연간에 사불성(沙弗城)에 웅거하여 스스로 장군이라 하였다. 아들이 넷이 있어 모두 세상에 이름이 알려졌는데, 그 중에 견훤은 남보다 뛰어나고 지략이 많았다.[47]

라고 하였듯이, 뒤에 자립하여 호족이 되었다. 아자개는 가은현에서 살다가 상주로 옮긴 이후 호족으로 성장하였다. 아자개가 상주 사불성을 근거로 하여 장군을 자칭한 것은 광계연간(光啓年間, 885~888)이었으며, 견훤의 나이 20세 전후에 해당된다.

이와 같이 견훤은 부유한 농민층 혹은 촌주 등으로 판단되는 호족의 아들이었으며,[48] 사료 <B-1>과 같이 본래 이씨였으나 뒤에 견씨가 되었다. 아자개는 호족으로 성장한 후 자신의 장남인 견훤을 입경시켜 중앙정부와 연결을 꾀하였다.[49]

견훤이 신라의 중앙군으로 종군한 것은 아자개의 후계구도에서 밀려났기 때문으로 보고 있다. 견훤은 자신의 처지를 극복하기 위하여 중앙군에 입대하여 새로운 길을 선택하였다는 것이다.[50] 『삼국유사』에 인용되어 있는 이비가기(李碑家記)에 의하면

---

47) 『三國遺事』 권2, 紀異2, 後百濟 甄萱.

48) 종래 견훤을 가난한 농민 출신으로 보는 것이 일반적이었다(韓㳓劢, 1970, 『韓國通史』, 을유문화사, 124쪽 ; 李基白, 1976, 『韓國史新論』, 일조각 ; 朴龍雲, 1985, 『高麗時代史』, 일지사, 36쪽). 그러나 이기백 선생이 『韓國史新論』 수정판에서 정정한 이래 견훤을 호족 출신으로 보는 것이 일반적이다(申虎澈, 1993, 『後百濟甄萱政權硏究』, 일조각, 11쪽).

49) 申虎澈, 1993, 앞의 책, 13쪽.

50) 李喜寬, 2000, 「견훤의 후백제 건국과정상의 몇 가지 문제」, 『후백제와 견훤』, 서경문화사.

C. 이비가기(李碑家記)에 보면 이렇게 말했다. 진흥대왕 비인 사도(思刀)의 시호는 백융부인이다. 그 셋째 아들 구륜공(仇輪公)의 아들 파진간 선품(善品)의 아들 각간 작진(酌珍)이 왕교파리를 아내로 맞아 각간 원선(元善)을 낳으니 이가 바로 아자개이다. 아자개의 첫째 부인은 상원부인이요, 둘째부인은 남원부인으로 아들 다섯과 딸 하나를 낳았으니 그 맏아들이 상부(尙父) 훤(萱)이요, 둘째아들이 장군 능애(能哀)요, 셋째 아들이 장군 용개(龍盖)요, 넷째 아들이 보개(寶盖)요, 다섯째 아들이 장군 소개(小盖)이며, 딸이 대주도금(大主刀金)이다.[51]

라고 하였듯이, 아자개는 2명의 부인에게서 출생한 다섯 명의 아들과 한 명의 딸이 있었다. 따라서 견훤은 아자개의 후계문제를 두고 아들 사이에 벌어진 다툼에서 밀려나 새로운 길을 선택하였을 가능성도 없지 않다.

그러나 견훤이 중앙군에 참여한 까닭은 복합적인 원인이 중첩된 것으로 판단된다. 견훤은 신라의 중앙군에 입대한 후 경주를 떠나 서남해의 방수군으로 파견되었다. 견훤이 부임한 서남해의 방수처(防戍處)는 영산강 하류 일대,[52] 나주,[53] 순천,[54] 순천만 내지 섬진강 하구의 광양만,[55] 경남 서부의 진주[56] 등으로 보고 있다.

---

51) 『三國遺事』 권2, 紀異2, 後百濟 甄萱.

52) 申虎澈, 1993, 앞의 책, 28쪽.

53) 鄭淸柱, 1996, 『新羅末 高麗初 豪族硏究』, 일조각, 193쪽.

54) 李道學, 2001, 「진훤의 출생지와 그 초기 세력기반」, 『후백제 견훤정권과 전주』, 주류성, 71쪽.

55) 邊東明, 2000, 「甄萱의 出身地 再論」, 『震檀學報』 90, 41쪽.

그러나 견훤이 군대를 일으킨 '왕경 서남쪽의 주현'은 전남의 서남부를 지칭한 것이 아니고 경주에서 바라 본 서남부지역을 가리키는 것으로 판단된다. 또한 견훤이 무주를 점령하자

　　D. 완산적(完山敵) 견훤이 주(州)에 웅거하여 후백제를 자칭하니 무주
　　　 동남쪽의 군현이 모두 항속(降屬)하였다.[57]

라고 하였는데, 사료 D에 보이는 '무주 동남의 군현'은 대체로 구례·곡성·광양·순천·여수·보성·고흥 등의 전남 동부지역을 말한다. 전남 동부지역에 위치한 이들 군현은 견훤의 가장 핵심적인 세력기반이 되었다.

　따라서 견훤이 해적 소탕의 임무를 띠고 파견된 곳은 순천만이나 광양만 부근으로 판단된다.[58] 이는 견훤의 핵심적인 측근으로 활약한 박영규(朴英規)와 김총(金惣)이 순천과 여수지역 출신[59]이었던 사실을 통해서도 입증된다. 견훤이 주둔한 곳은 순천의 해룡산성과 광양의 마로산성 등으로 추정된다.

　광양 마로산성에서는 신라 말기의 제품으로 추정되는 해수문포도방경과 중국제 도자기 등이 출토되었다.[60] 이들 유물들은 마로산성이 중

---

56) 姜鳳龍, 2001, 「견훤의 세력기반 확대와 전주 정도」, 『후백제 견훤정권과 전주』, 주류성, 37쪽.

57) 『三國史記』 권11, 新羅本紀11, 眞聖女王 3年.

58) 邊東明, 2000, 앞의 글, 41쪽 ; 李道學, 2001, 앞의 글, 72쪽.

59) 문안식·이대석, 2004, 『한국고대의 지방사회』, 혜안, 324~327쪽.

60) 崔仁善·李順葉, 2005, 『광양 마로산성 I』, 광양시·순천대박물관.

국 및 일본을 잇는 삼각 교역과 밀접한 관계를 맺었던 사실을 반영한다. 곧 마로산성은 후삼국시대에 중국과 왜국을 연결하는 삼각 교역의 거점역할을 하였다.[61]

마로산성은 섬진강 하구와 인접한 광양만이 한눈에 조망되는 해로의 요충지에 위치한다. 마로산성과 인접한 승평항 역시 신라의 통일 이후 국제무역항으로 번성하였다.[62] 국제무역항으로 개항된 승평항을 보호하는 역할을 담당한 방수처가 순천 해룡산성이며,[63] 이곳에 견훤이 주둔하였을 가능성이 높다. 또한 마로산성은 해상세력으로 성장한 박영규의 근거지로 보고 있다.[64]

견훤은 해룡산성과 광양 마로산성 등의 해안 요새에 파견된 후 군인으로서 솔선수범하는 모범적인 자세를 보였다. 그는 입대한 후

> E. 처음에 견훤이 나서 포대기에 싸였을 때, 아버지는 들에서 밭을 갈고 어머니는 아버지에게 밥을 가져다 주려고 아이를 수풀 아래 놓아 두었더니 범이 와서 젖을 먹이니 마을 사람들은 이 말을 듣고 이상하게 여겼다. 아이가 장성하자 몸과 모양이 웅장하고 기이했으며

61) 李道學, 2006, 「신라말 견훤의 세력형성과 교역」, 『신라문화』 28, 225쪽.

62) 李道學, 1998, 『진훤이라 불러다오』, 푸른역사, 86~87쪽 ; 邊東明, 2000, 「견훤의 출신지 재론」, 『진단학보』 90, 41쪽.

63) 해룡산성의 동북쪽에는 東川, 서남쪽에는 伊沙川이 각각 흐르고 있으며, 성의 남동쪽에서 두 하천이 합류한다. 하천의 합류지점부터 해룡산성까지는 평야가 자리하는 데 과거에는 대부분 바다였다. 따라서 해룡산성이 자리 잡고 있는 부근은 동천과 이사천이 합류하면서 바다와 만나는 천혜의 포구이었다(邊東明, 2002, 「고려시기 순천의 山神·城隍神」, 『歷史學報』 174, 102쪽).

64) 李道學, 2006, 앞의 글.

뜻이 커서 남에게 얽매이지 않고 비범했다. 군인이 되어 서울로 들어갔다가 서남의 해변으로 가서 변경을 지키는데 창을 베개 삼아 적군을 지키니 그의 기상은 항상 사졸에 앞섰으며 그 공로로 비장(裨將)이 되었다.[65]

라고 하였듯이, 처음에는 고위의 관직에 있지 않았다. 신라의 골품제가 유지되고 있던 상태에서 지방호족 가문 출신의 견훤이 군대의 요직에 임명되었을 가능성은 별로 없다.

그러나 견훤은 모범적인 근무 자세와 군인으로서 뛰어난 역량을 발휘하여 신분적인 한계를 뛰어넘어 거병 이전에 비장에 오르게 되었다. 비장은 조선시대의 경우 감사(監司)나 유수(留守) 등을 수행하는 무관의 직책을 일컬었다. 그러나 당시의 비장은 하위직의 무장은 아니고 지방의 실권자를 우대하는 직책으로 활용되었다.

이는 견훤이 거병에 성공하여 세력을 확장하는 와중에 북원의 양길을 비장에 제수[66]한 사례에서 유추된다. 견훤이 양길을 비장에 임명한 것으로 볼 때 그 직책은 특정 지역의 실권을 장악했거나 책임자를 우대하는 데 활용되었을 가능성이 높다.

견훤이 비장에 오른 것은 신라 중앙정부에 의하여 임명된 것이 아니라, 순천과 광양을 비롯한 전남 동부지역 토착세력의 추대를 받은 것으로 판단된다. 따라서 견훤이 비장이 된 것은 순천과 광양 일대에서 주목할 만한 존재로 부각되었음을 의미한다. 견훤이 휘하 병력을 이끌고 무진주로 진격한 892년에 그의 나이가 26세 정도였음을 고려하면,[67]

---

65) 『三國史記』 권50, 列傳10, 甄萱.

66) 『三國史記』 권50, 列傳10, 甄萱.

자질과 능력이 매우 뛰어났음을 알 수 있다.

견훤은 타고난 자질과 빼어난 능력을 발휘하여 순천과 광양 일대의 해상세력과 토착호족을 끌어들여 20대에 독자적인 세력기반을 마련하였다. 전남 동부지역의 호족들은 신라의 권위가 땅에 떨어지고 각지에서 군웅이 할거하는 시대를 맞이하여 젊은 견훤에게 자신들의 장래와 운명을 맡겼던 것이다.

견훤은 양길과 기훤 등이 초적의 무리를 중심으로 일어난 것과 달리 자신의 지휘 하에 있던 지방군을 활용하였다. 또한 견훤은 자신의 휘하 병력 외에 순천과 광양 일대에 기반을 둔 박영규와 김총 등을 끌어들여 거병하였다.

견훤의 거병은 성공을 거두어 군대를 일으킨 지 불과 한 달 만에

F. 당나라 소종(昭宗) 경복(景福) 원년, 즉 신라 진성왕 재위 6년에 왕의 총애를 받던 신하들이 (왕의) 옆에 있으면서 정권을 마음대로 휘둘러 기강이 문란하고 해이해졌고, 그 위에 기근까지 겹쳐 백성이 떠돌아다니고 뭇 도적이 벌떼처럼 일어났다. 이에 견훤은 가만히 왕위를 엿보는 마음을 가져 무리를 불러 모아 왕경의 서남쪽 주현(州縣)을 치자 이르는 곳마다 메아리처럼 호응하였다. 한 달 사이에 무리가 5천 명에 이르자 드디어 무진주를 습격하여 스스로 왕이 되었으나 아직 감히 공공연하게 왕을 칭하지 못하고, 신라서면도통지휘병마제치지절도독 전무공등주군사 행전주자사 겸어사중승 상주국 한남군 개국공(新羅西面都統指揮兵馬制置指節都督 全武公等州軍事 行全州刺史 兼御史中丞 上柱國 漢南郡開國公)으로 자서(自署)하였다.[68]

---

67) 견훤의 출생에 대해서는 『三國遺事』 견훤전에 '咸通八年 丁亥生(867)'으로 기록되어 있다.

라고 하였듯이, '5천의 무리'를 모을 수 있을 만큼 주변의 큰 호응을 받았다. 이곳의 주민들은 신라 왕실과 귀족들에 대해 큰 불만과 비판적인 태도를 가졌기 때문에 견훤이 군대를 일으키자 적극적으로 호응하였다.

전남지역은 가장 비옥한 곡창지대로서 신라 중앙정부의 조세 압박이 심하였으며 그럴수록 지방민의 저항은 갈수록 격렬하여졌다. 견훤이 전남 일대에서 후백제 건국의 기틀을 마련할 수 있었던 것은 곡창지대에 대한 중앙정부의 수탈 및 가중되는 조세 독촉과 무관하지 않다.[69]

전남지역은 다른 곳과 마찬가지로 기근과 흉년 등으로 심한 고통을 받았다. 이곳 주민들은 생활의 어려움에도 불구하고 가혹한 조세수취와 역역 징발에 시달렸다. 가난과 기아에 허덕이던 주민들은 견훤이 군대를 일으켜 진격하자 그야말로 메아리처럼 호응하였다.

견훤은 거병에 성공한 후 인근 주민의 적극적인 호응과 지원에 힘입어 무리가 급격히 늘어나 5천을 헤아리게 되었다. 견훤은 순천과 광양 일대에서 거병하여 인근의 여수, 고흥, 보흥, 곡성, 구례 등의 전남 동부지역을 장악하는 과정에서 따르는 무리가 늘어났다.

견훤의 진격에 맞서 저항을 꾀한 지방관이나 호족들은 거의 없었고 오히려 호응을 받으면서 무혈 진군한 것으로 판단된다. 견훤은 무리가 불어나고 세력이 확대되자 무진주의 치소였던 오늘날의 광주를 습격하여 차지하였고, 이곳을 거점으로 삼아 전남의 각 지역으로 세력을 확대해 나갔다.

---

68) 『三國遺事』 권2, 紀異2, 後百濟 甄萱.

69) 충남대학교 백제연구소 편, 2000, 『후백제와 견훤』, 서경문화사, 120쪽.

견훤의 광주지역 진출은 토착호족들과 큰 갈등이나 대립 없이 순탄
하게 이루어졌다. 견훤의 후백제 건국 후 광주는 항상 든든한 배경이
되었으며, 이곳의 호족들은 후삼국의 전란 와중에서 다른 지역과는 달
리 최후까지 견훤과 운명을 같이 하였다. 광주가 전남지역의 중심지로
부상한 것은 무진주의 치소가 된 신라시대에 이르러서였다.[70]

견훤이 광주에 후백제의 기틀을 마련하였을 때 그 중심지가 어느
곳에 있었는지는 잘 알 수 없다. 통일신라의 무진주 치소가 위치한 오늘
날 광주의 중심지에 해당되는 동구 금남로와 충장로 일대였을 가능성
이 높다.[69] 그리고 무등산 잣고개 일대에 복원된 무진고성은 유사시를
대비하는 배후산성(背後山城)으로 활용되었다.

견훤과 광주지역의 끈끈한 유대는 광주 북촌에서 견훤이 출생하였다
는 설화가 생겨난 배경이 되었다. 견훤의 출생지에 대하여 『삼국유사』
에는 고기(古記)를 인용하여

> G. 또 고기에는 이렇게 말했다. 옛날 광주 북촌에 한 부자가 살았는데,
> 그에게 아름다운 딸이 하나 있었다. 딸이 아버지에게 아뢰기를 밤마
> 다 자색(紫色) 옷을 입은 남자가 침실에 와서 자고 간다고 하였다.

---

70) 신라는 통일 후 처음에는 나주를 발라주로 승격시켜 전남지역을 관할하는
치소로 삼았다. 그러나 신라는 신문왕 6년에 발라주를 郡으로 강등시키고,
무진군을 무진주로 승격시키면서 광주를 州治로 삼았다(『三國史記』권8, 新
羅本紀8, 神文王 6年). 무진주는 신라 경덕왕 16년(757)에 다시 武州로 명칭
이 바뀌었고, 고려 태조 23년(940)에 이르러 광주라는 지명이 사용되었다.

69) 근래의 발굴 조사 결과 광주일고 내에서 발견된 통일신라 건물지와 지하철
1호선 공사구역인 금남로에서 확인된 우물과 통일신라의 기와·토기 등의
유물 등은 무진주 치소와 관련된 것으로 보고 있다(임영진 외, 1995, 「광주
누문동 통일신라 건물지 수습조사 보고」, 『호남고고학보』 2, 80~82쪽).

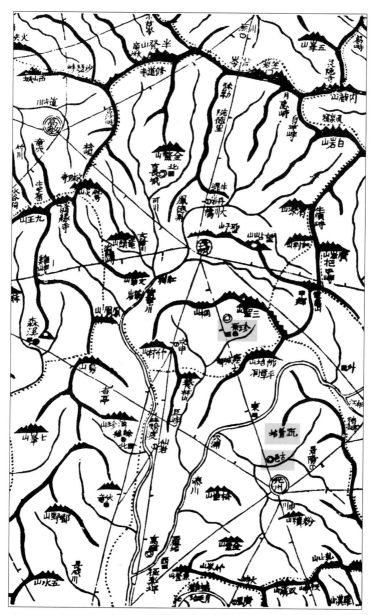

대동여지도를 통해 본 견훤의 탄생설화와 관련이 있는 지명들

아버지가 그 남자의 옷에 실을 꿴 바늘을 꽂아 두라고 일러서 딸이 그 말대로 했는데, 이튿날 아침 실을 따라가 보니, 북쪽 담 밑에서 실 끝자락이 발견되었는데, 바늘은 큰 지렁이의 허리에 꽂혀 있었다. 얼마 후부터 그녀에게 태기가 있어서 아들을 낳았다. 15세가 되자 스스로 견훤이라 이름하고, 900년 후백제를 건국하여 완산군, 즉 지금의 전주에 도읍을 정했다. 이때 신라는 진성여왕 6년, 당은 소종 경복 1년이었다.70)

라고 하였듯이, 광주 북촌에서 태어났다는 설화가 전해지고 있다. 이를 토대로 하여 견훤의 광주 출생설을 주장한 견해도 있으며,71) 구체적으로 북구 생룡동(오늘날의 건국동)에서 탄생하였다고 비정하기도 한다.72) 그 외에 영산강 상류지역에 해당되는 담양군 대치면, 장성군 진원

---

70) 『三國遺事』 권2, 紀異2, 後百濟 甄萱.

71) 金庠基, 1966, 「甄萱의 家鄕에 대하여」, 『李秉岐博士頌壽紀念論文集』; 朴敬子, 1982, 「甄萱의 勢力과 對王建關係」, 『淑大史論』 11·12合 ; 金井昊, 1986, 「史料 따라 가보는 後百濟紀行」, 『藝響』, 9·10·12월호 ; 邊東明, 2000, 「甄萱의 出身地 再論」, 『震檀學報』 90.

72) 생룡동은 견훤의 생가마을이라는 설이 있어 생룡이라는 명칭이 붙게 되었는데, 생룡 남쪽에는 지내(못안)마을이 있고, 지내 남동쪽에는 장운동으로 가는 순산재, 서남편에는 생룡들에 물을 대는 대야제가 있었다. 생룡마을 뒤에서 죽취봉 쪽으로 가파른 구릉을 따라가면 토축과 일부 열을 지은 돌들이 폭 2~3m로 길게 뻗은 성터의 흔적이 드러나 있으며, 견훤대 또는 후백제성이라고 한다. 이 성터는 자연 구릉을 이용하여 쌓은 토석 혼축성인데 석축은 토축 위에 2~3단의 할석으로 쌓은 흔적이 있다. 중간 중간에는 문주로 보이는 주초석이 보이며 장대석도 있다. 견훤대라 부르는 꼭대기에는 반경 20m를 할석으로 둘러 석축을 쌓았고 생룡과 모산 마을 뒤에는 수많은 토기 조각과 기와 조각들이 논밭에 널려 있다. 이들 토기 조각들로 보아 통일 신라에서 조선시대까지 이용된 성곽으로 볼 수 있다(광주광역시 북구, 1999, 『광주 북구 지리지』, 233쪽).

면, 광주시 삼소동 일대에 견훤의 탄생과 관련된 설화들이 전해진다.[73]

그러나 견훤의 광주 출생설은 실제 사실이 아니고, 그가 광주를 제2의 고향으로 자처한 사실을 반영하는 것으로 이해하는 경우도 있다.[74] 광주 출생설은 견훤이 이곳에서 후백제 건국의 기틀을 마련하면서 토착 호족세력과 혼인관계를 맺은 사실을 반영[75]하는 것으로 판단된다.

견훤이 광주를 비롯한 전남지역 호족세력의 적극적인 도움을 받아 후백제를 건국한 것은 892년이었다. 이는 『삼국유사』 왕력편(王曆篇)에 전해지는, 견훤이 임자년(892)에 무진주(광주)에 도읍을 정한 사실[76]을 통해 알 수 있다.

그러나 견훤이 왕위에 오르고 설관분직(設官分職)한 것은 900년에 완산주(전주)로 천도한 이후였다. 견훤은 892년 무진주를 중심으로 후

---

73) 한편 나주 완사천에 얽힌 설화나 광산구 용봉동의 왕자대 설화는 왕건과 관련되어 있다. 이러한 설화의 지역별 분포 차이는 후삼국시대에 있어서 나주와 광주를 중심으로 하여 양국이 대치한 것을 반영한 것으로 볼 수 있다. 후삼국시대에 전남지역의 경우 견훤은 광주를 주된 근거지로 하였으며, 왕건은 나주를 기반으로 하였다. 광주를 비롯한 영산강 상류지역 일대의 호족들이 견훤을 지지했던 것에 반하여, 나주의 호족들은 왕건을 지지하여 신흥국가인 고려를 탄생시키는 데 지대한 공헌을 하였다. 이 때문에 영산강 상류지역에는 견훤 설화가 많이 전승되고 있으며, 중류와 하류에는 왕건과 관련된 설화들이 주로 전한다(허경회·나승만, 1998, 「영산강유역 설화에 나타난 주민의식의 비교연구」, 『목포어문학』 1).

74) 견훤이 광주 출생설을 스스로 조작하여 유포시켰다는 견해에 대해서는 다음의 글을 참조하길 바란다. 文暻鉉, 1987, 『高麗太祖의 後三國統一研究』, 형설출판사, 51쪽 ; 김갑동, 1999, 「후백제 영역의 변천과 멸망 원인」, 『후백제 견훤정권과 전주』, 전북전통문화연구소, 57쪽 ; 李喜寬, 2000, 앞의 글, 36쪽.

75) 申虎澈, 1993, 앞의 책, 206~207쪽 ; 金壽泰, 1999, 「후백제 견훤정권의 성립과 농민」, 『백제연구』 29, 98쪽.

76) 『三國遺事』 권1, 奇異2, 後百濟 甄萱.

백제 건국의 기틀을 마련하였지만 주변을 의식하여 국왕을 칭하지 못하고 '신라서면도통(新羅西面都統)'을 자처하였다. 도통은 병마를 통솔한 대신을 가리키는 것으로 특정 지방의 군령(軍令)과 군정(軍政)을 책임지는 직책에 해당된다. 따라서 견훤이 스스로를 '신라서면도통'이라 칭한 것은 서부 방면의 군사책임자를 자임한 것을 의미한다.

견훤은 신라가 천년 동안 누려왔던 권위를 쉽게 무시할 수 없었다. 견훤은 여건이 아직 성숙하지 못하였기 때문에 왕위에 오르지 못한 채 군사적 실권 장악에 만족하였다. 또한 견훤은 중국 오월(吳越)에 사절을 파견하여 그 지위를 대외적으로 인정받고자 하였다.

견훤이 오월에 사절을 파견한 사실을 전하는 가장 오래된 기록은 900년에 완산주(전주)에 정도(定都)한 직후의 것이다. 그 내용 중에

> H. 오월왕(吳越王)이 보빙사(報聘使)를 파견하여 견훤에게 검교대보(檢校大保)를 가수(加授)하고 다른 직은 전과 같이 하였다.[77]

라고 하였듯이, 완산주로 옮기기 이전에 견훤의 다른 왕래가 이루어졌을 가능성을 엿볼 수 있다. 견훤이 오월에 사절을 처음 파견한 것은 892년 신라서면도통을 자칭한 무렵으로 보고 있다.[78]

견훤은 무주에 근거지를 마련한 후 국가체제의 정비와 같은 행정적인 문제에는 큰 관심을 기울이지 못하고 주로 지배영역을 확대하는 데 주력하였다. 견훤은 전주로 천도하기 이전까지 백제부흥을 표방하

---

77) 『三國史記』 권50, 列傳10, 甄萱.

78) 申虎哲, 1993, 앞의 책, 136쪽.

면서 전남지역의 호족과 밀접한 관계를 맺었다.

　전남지역에서 견훤과 관계를 맺은 호족은 무주성주 지훤(池萱), 승주
장군 박영규, 인가별감 김총 등이었다. 견훤은 군사적·정치적 기반의
확대를 도모하면서 박영규, 김총 등의 호족과 연합하는 정책을 실시하
였다.[79] 견훤정권의 수립은 주로 혼인 등으로 맺어진 호족연합정책의
결과였던 것이다.[80]

　견훤은 호족연합정책 실시 외에도 지방민의 적극적인 호응을 받고
군비 부담을 줄이기 위해 둔전병제를 운용하였다.[81] 둔전은 군대 스스
로가 식량을 생산함으로써 국가 경비지출을 줄이는 동시에 보급·병참
문제를 해결하는 방책이었다. 둔전병제는 각종 수취에 시달리며 기근
에 허덕이던 지방민의 적극적인 호응을 받았을 가능성이 높다.

　또한 견훤의 합리적인 군대 운용과 군비조달 방식 등은 지방호족의
불안감을 종식하고 적극적인 협조를 받는 데 유리하였다. 견훤은 둔전
제의 실시, 가혹한 수취의 중단, 호족연합정책, 기근에 시달리는 지방민
보호 등을 통해서 후백제 건국의 기틀을 마련해 나갔다.

　한편 견훤은 전남지역의 호족세력과 연대를 추진하면서 진표의 미륵
신앙을 받아들여 후백제 건국의 사상적 토대로 삼았다. 백제 유민 출신
인 진표는 미륵보살의 대행자로서 계율을 통한 이상국가의 건설을 꿈
꾸었다. 진표의 미륵신앙은 반(反)신라적인 성향을 갖고 있었으며, 신라
중심지역보다는 옛 백제지역과 같은 변방 주민들, 특히 불만 농민층에

---

79) 鄭淸柱, 2002,「甄萱의 豪族政策」,『全南史學』19, 80쪽 ; 邊東明, 2002,「고
　　려시기 순천의 山神·城隍神」,『歷史學報』174.

80) 申虎澈, 1993, 앞의 책, 104쪽.

81) 충남대학교 백제연구소 편, 2000,『후백제와 견훤』, 서경문화사, 120쪽.

게 큰 호응을 받았다.[82]

미륵신앙은 미륵보살이 주재하는 도솔천에 태어나기를 원하는 상생
신앙과 말세적인 세상을 구제하러 미륵이 하생하기를 바라는 하생신앙
으로 구분된다. 미륵 하생신앙은 일종의 유토피아에 대한 소박한 갈망
과 천년지복운동에서 볼 수 있는 메시아를 기다리는 애타는 소박한
정서가 짙게 깔려 있다.[83] 이와 같은 미륵신앙은 무너져 가는 신라사회
에 대한 염증과 변혁을 꿈꾸는 지방의 호족들에게 새로운 국가체제를
구축할 수 있는 사상적 토대를 제공하였다.

미륵신앙은 삼국시대의 초기 불교 수용에서부터 전래되었는데, 신라
와 백제에서는 국가 통치이념으로서 활용되었다. 백제의 무왕은 익산
미륵사를 창건하여 왕권강화의 통치이념으로 이용하기도 하였다. 궁예
도 후삼국시대의 말세적인 민심을 이용하여 자신을 미륵이라 하면서
대중의 호응을 얻었다.

후삼국시대 사람들이 당시를 말세로 인식한 사실은 궁예의 수도가
위치하였던 철원의 도피안사에 남아 있는, 국보 63호 철조비로사나불
좌상(鐵造毘盧舍那佛坐像)에 새겨진 명문을 통해 입증된다.[84] 견훤이

---

82) 李基白, 1994, 「한국 풍수지리설의 기원」, 『한국사시민강좌』 14 ; 趙仁成,
   1996, 「미륵신앙과 신라사회」, 『진단학보』 82.

83) 한국·동양사사학회 편, 2005, 『한국정치사상사』, 백산서당, 128쪽.

84) 이 불상의 등에는 865년(경문왕 5)에 만들어졌음을 알려주는 조성기가 새겨
   져 있는데, 철원의 신도 조직인 1500명의 거사들이 조성한 것임을 밝히고 있
   다. 또한 조성기에는 석가모니 사망 후 1806년에 이르러 불상을 조성하였다
   는 기록이 남아 있다. 그런데 佛典에서는 석가모니 사후 1500년 이후는 말세
   로 보고 있기 때문에, 이 불상을 조성한 사람들은 당시를 말세로 인식하였음
   을 알 수 있다.

장악한 옛 후백제지역 역시 미륵신앙이 유행한 것으로 보아 말세적인 인식이 널리 유포된 것으로 추정된다.

견훤은 진표의 미륵신앙을 받아들여 미륵의 대행자로 자처하며 민심을 수습하는 데 활용하였을 가능성이 높다. 그 외에도 견훤은 전남지역의 여러 산문·선승(山門·禪僧)과 깊은 유대관계를 맺었다. 특히 견훤은 선종 9산문의 하나인 동리산문(桐裏山門)과 관계를 맺으면서 도선(道詵)과 접촉하였다.[85] 또한 전남지역으로 내려와서 순천의 호족과 결합하였던 사자산문(獅子山門)의 징효대사(澄曉大師) 절중(折中)과도 관계를 맺었다.[86] 아울러 견훤은 도선의 제자이며 동리산문에 속하였던 경보(慶甫)를 제자의 예를 갖추면서 포섭하여 국사(國師)로 삼기도 하였다.[87]

---

85) 金杜珍, 1988,「羅末麗初 桐裏山門의 성립과 그 사상」,『동방학지』 57, 43쪽.

86) 朴貞柱, 1984,「신라말·고려초 獅子山門과 政治勢力」,『진단학보』 77.

87) 許興植, 1986,『고려불교사연구』, 일조각, 358쪽.

제2장
후삼국의 정립과 영역확장

1. 완산주 천도와 국가체제 정비

견훤은 892년에 무진주를 장악한 후 전남지역의 호족세력들을 포섭하면서 후백제 건국의 기틀을 마련하였다. 견훤은 무진주를 중심으로 넓은 영역을 차지하며 대호족으로 성장하였지만 신라가 천년 동안 이루어 왔던 권위를 정면으로 무시할 수는 없었다. 그 대신에 견훤은 신라의 '서면도통(西面都統)'을 자칭하면서 세력을 넓혀 나갔다.

견훤이 무진주를 차지하여 기세를 떨치고 있을 무렵, 북원의 양길과 죽주의 기훤 등도 세력을 확대하고 있었다. 견훤은 양길이 강성하여 궁예가 투항하여 그의 부하가 되었다는 소식을 듣고 관직을 주어 비장(裨將)으로 삼았다.[1] 이것은 각지에서 호족이 자립하여 세력을 확장하는 와중에, 견훤이 상대적으로 우월의식을 표방한 사례이다. 또 견훤은 아직 정식으로 칭왕(稱王)하지 않았지만 중국 오월(吳越)에서 책봉을 받는 등 다른 호족에 비하여 우월한 상태에 있었다.

견훤은 원종이나 애노 등에 비하여 거병은 조금 뒤처졌지만 무진주를 장악하여 후백제 건국의 기틀을 마련하는 등 가장 뛰어난 역량을 발휘하였다. 신라의 혼란을 틈타 호족들이 각지에서 일어나 세력을 확장하는 과정에서 후삼국시대 개막의 주인공은 사실상 견훤이었다.

견훤의 후백제 건국은 고대사회의 사회생활 전면을 규정하는 골품제에 의한 국가운영이 장기간 지속됨으로써 초래된 부정부패와 무능, 무질서와 빈발하는 정변, 지방민들의 민생파탄을 개선하는 데 무엇보다도 필요한 신분제의 해체를 동반하였다. 견훤의 후백제 건국은 골품제

---

1) 『三國史記』 권50, 列傳10, 甄萱.

를 벗어나 하급 군인이 새로운 시대의 주인공으로 부각되는 파천황(破天荒)과 같은 격변이었으며 새로운 시대정신의 표출이었다.

한편 후삼국시대는 우리 역사 중에서 그 유례를 찾아볼 수 없을 만큼 인간으로서의 자존적이고 자생적인 능력이 발현된 시기였다. 견훤의 후백제 건국은 당시 사람들의 높아진 정치적 요구에 대하여 올바른 대안 제시와 식견 및 안목을 갖춘 인물과 집단이 주체가 된 거대한 진보였다.[2]

그와 더불어 신라의 천년 왕국은 내외 모순의 격화로 무너져 내려 중앙정부의 권위는 약화되고 지배 범위는 수도와 그 인근지역으로 축소되었다. 견훤은 20대 중반의 나이로 군대를 일으켜 거병에 성공하여 혜성처럼 두각을 나타내는 인물이 되었다. 북원의 양길과 죽주의 기훤도 상당할 만한 세력을 형성하였지만 견훤에는 미치지 못하였다. 견훤은 이들을 능가하면서 우월감의 발로로 양길에게 비장의 관직을 내려 주기도 하였다. 견훤의 성장 과정은 궁예가 895년 철원에 입성한 후에 장군을 칭하면서 양길로부터 자립한 것과 비교해 보면 잘 알 수 있다.

그러나 견훤이 무진주를 장악한 지 5년이 흐른 후 궁예가 자립하여 눈부신 성장 끝에 중부지역의 패자로 등장하면서 변화가 일어나기 시작하였다. 궁예는 892년에 이르러 기훤의 막하를 떠나 양길에 의탁하였다. 궁예는 양길의 명을 받들어 주천(酒泉 : 예천)·나성(奈城 : 영월)·울오(鬱烏 : 평창)·어진(御珍 : 울진) 등 여러 고을을 정복하였다.

궁예는 894년 명주(溟州 : 강릉)를 장악한 후, 그 무리가 3,500명을 헤아리게 되었다.[3] 궁예는 이들에 의하여 장군으로 추대되면서 처음으

---

2) 김철준, 1976, 『한국고대사회연구』, 지식산업사, 251쪽.

로 독자적인 자신의 세력기반을 형성하였다. 궁예는 명주에 들어갈 무렵 600여 명을 이끌고 있었는데, 이곳에서 2,900여 명을 모아 자립할 수 있었다.[4]

궁예는 다음 해에 명주를 출발하여 저족(猪足 : 인제)·생천(牲川 : 화천)·부아(夫若 : 금화)·금성(金城)·철원(鐵圓) 등의 여러 지역을 점령하였다. 궁예는 세력이 확장되자 철원에 뿌리를 내리고 내외 관직을 설치하였다. 궁예의 세력이 강성해지자 패서지역(浿西地域)의 호족들 중에서 복속을 청하는 무리가 늘어났다.[5]

그 중에서 상당한 무력을 형성하고 있던 평산의 박지윤(朴遲胤) 가문의 귀부는 궁예의 세력 확장에 큰 힘이 되었다.[6] 박지윤 가문을 비롯한 패서지역 호족들이 귀부할 즈음인 896년에는 송악의 왕륭(王隆 : 왕건의 부친)이 복속을 청하였다.

궁예는 왕륭과 왕건 부자의 투항을 받은 후 승령(僧嶺 : 장단 북쪽, 토산 남쪽)·임강(臨江 : 장단)·인물(仁物 : 기풍군 풍덕) 등 여러 현을 점령하였다. 그 이듬해에는 공암(孔巖 : 양평)·검포(黔浦 : 김포)·혈구(穴口 : 강화) 등을 차지하였다. 궁예는 박지윤 가문과 왕륭 부자의 귀부를 계기로 패서지역을 장악한 후 898년에는 철원을 떠나 송악으로 근거지를 옮겼다.

---

3) 『三國史記』권50, 列傳10, 弓裔.

4) 金杜珍, 1986, 「신라하대 崛山門의 형성과 사상」, 『성곡논총』 17, 314쪽.

5) 『三國史記』권50, 列傳10, 弓裔.

6) 박지윤 가문의 사회적 진출과 궁예와의 관계에 대해서는 다음의 글을 참조하기 바란다. 鄭淸柱, 1988, 「신라말 고려초 호족의 형성과 변화에 대한 一考」, 『역사학보』 118, 3~15쪽.

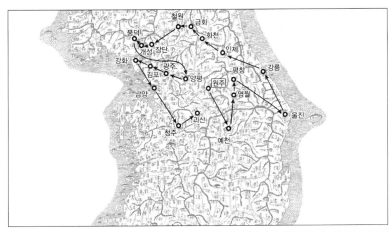

궁예의 세력확장 과정 | 궁예는 892년에 이르러 양길의 막하를 떠나 자립의 기치를 올렸는데, 894년과 896년 및 899년에 각각 명주와 철원 및 개경 등지를 석권하면서 한반도 중부지역의 대부분을 장악하였다.

궁예가 송악으로 옮겨 세력을 크게 떨치자 국원(원주)을 비롯하여 30여 성을 차지하고 있던 양길이 궁예를 공격하였다. 양길은 중원지역의 패권을 장악하고 있었는데 궁예가 세력을 확장하자 위기를 느끼면서 먼저 공격하였던 것이다. 그러나 양길은 궁예의 반격을 받아 차지하고 있던 영역을 상실한 채 패망하고 말았다.

궁예는 양길을 무너뜨린 후 899년에는 송악궁을 수리하고 왕건을 보내어 양주(楊洲)·견주(見州 : 포천과 양주의 일부)를 복속하였다. 궁예는 그 다음해에도 왕건을 보내 광주(廣州)·춘주(春州)·당성(塘城 : 화성군 남양)·청주(靑州)·괴양(槐壤 : 괴산) 등을 평정하였다. 왕건은 국원(國原)과 청주 등을 장악한 후 괴양의 호족이었던 청길(淸吉)과 신훤(莘萱) 등의 항복을 받았다.[7]

이로써 궁예는 소백산맥 이북의 한강 유역 전체를 지배하게 되었다.

---

7) 『三國史記』 권12, 新羅本紀12, 孝恭王 4年.

궁예가 양길과 기훤 등을 제거한 후 태봉과 후백제 사이에서 완충 역할을 하던 호족들은 더 이상 존재하지 않게 되었다.

견훤은 궁예가 넓은 영역을 차지하면서 중부지역의 패자로 성장하자 위협을 느끼게 되었다. 견훤이 차지한 곳은 금강 이남에 위치한 공주·전주·무주이었는데, 전남의 서남해지역은 토착 호족의 수중에 놓여 있었다. 견훤이 차지한 영역은 궁예정권의 판도에 미치지 못하였고, 궁예의 성장 추세는 실로 눈부신 것이었다.

견훤은 궁예의 성장에 따른 위기감을 돌파하고 정체상태를 타개할 수 있는 활로를 모색할 필요성을 느꼈다. 견훤은 한반도의 서남부에 치우쳐 있는 무진주를 벗어나 호남의 중심지이며 백제 계승의식이 강렬한 완산주(전주)로 근거지를 옮겨 면모의 일신을 도모하였다.

전남지역은 6세기 중반에 이르러 토착질서가 해체되고 백제에 복속되었기 때문에 백제에 대한 귀속의식이 상대적으로 미약하였다. 전남지역의 토착세력은 백제의 지배를 받으면서도 독자적인 세력기반과 정체성을 유지하였다. 마한의 문화전통이 오랫동안 남아 있었기 때문에 백제나 후대의 신라 문화가 전남지역에 파고들어 기층문화를 해체하는 것이 매우 어려웠다.[8]

전남지역은 백제의 멸망과 부흥운동 과정에서도 전북이나 충남과는 달리 파고가 높지 않았다. 전남지역의 토착세력은 마한의 전통에 대한

---

8) 전남의 문화양상은 한강유역이나 금강유역에서 발달한 백제문화와는 크게 다른 모습을 보인다. 전남지역의 강인한 문화 전통성과 토착적인 문화기반이 불교의 수용을 쉽게 받아들이지 않았으며, 옹관묘사회가 붕괴되기 시작한 6~7세기가 지나면서 서서히 느린 속도로 불교문화가 전파되었다고 한다 (성춘경, 1999, 『전남 불교미술 연구』, 학연문화사, 10쪽).

계승의식이 남아 있었고, 백제인이라는 귀속의식이 부족하였기 때문에 부흥운동에 적극적으로 가담하지 않았던 것이다.[9]

그러나 익산과 전주를 비롯한 전북지역은 백제에 대한 귀속의식이 전남지역과는 비교가 되지 않을 정도로 강하였다. 견훤은 이러한 사실을 주목하여 전주로 근거지를 옮겨 백제를 계승한 새로운 나라를 세우고, 그 옛 땅을 회복하여 궁예정권과 자웅을 겨루고자 하였다. 견훤은 전주로 천도하면서 후백제왕이라 일컫고

> A. 견훤이 서쪽으로 순행하여 완산주에 이르니 그 백성들이 환영하고 위로하였다. 견훤이 인심을 얻은 것을 기뻐하여 좌우에게 말하였다. "내가 삼국의 시초를 살펴보니, 마한이 먼저 일어나고 후에 혁거세가 발흥하였으므로 진한과 변한이 따라서 일어났다. 이에 백제가 금마산에서 개국하여 600여 년이 되어 총장(摠章) 연간에 당나라 고종이 신라의 요청을 들어 장군 소정방을 보내 배에 군사 13만을 싣고 바다를 건너 왔고, 신라의 김유신이 잃은 영토를 다시 찾기 위해 황산을 지나 사비에 이르러 당나라군과 합세하여 백제를 쳐 멸망시켰다. 내 이제 감히 완산에 도읍하여 의자왕의 묵은 분함을 씻지 않겠는가?"[10]

라고 하였듯이, 백제를 계승하고 의자왕의 원한을 갚겠다고 공언하였다.

견훤의 백제 계승의식 표방은 광주에서 건국의 토대를 마련 후 "전무

---

9) 문안식·이대석, 2004, 앞의 책, 248쪽.

10) 『三國史記』 권50, 列傳10, 甄萱.

공등주군사항전주자사(全武公等州軍事行全州刺史)"를 자서(自署)하면서 전주·무주·공주를 세력 범위로 설정한 것에서도 엿보인다. 견훤은 완산주로 천도를 단행한 후 백제부흥운동을 본격적으로 추진하였다.[11]

한편 견훤정권과 익산지역의 밀접한 관계 때문에 후백제의 수도가 익산에 위치한 것으로 보는 견해도 있다. 견훤은 무진주에서 서쪽으로 경략하던 중 익산에 들러 이곳 주민들의 민심을 얻기 위해 "백제가 금마산에서 개국하였다"라고 주장하기도 하였다.[12] 그러나 익산에 후백제의 수도가 위치하였다고 주장하는 견해는 근거가 박약하고 사실과도 잘 맞지 않다.[13]

견훤은 전주로 천도하여 정치적 안정을 이룬 후에 국가체제를 정비하였다. 우선 도성과 궁궐 등을 축조하면서 국정운영에 필요한 여러 기관을 정비하였다. 후백제의 도성은 현재 전주시 완산구 대성동에 위치한 승암산의 동고산성 내에 위치하였다.[14]

동고산성은 승암산의 절벽에 의지하여 서북쪽으로 수구를 뚫었으며,

---

11) 金壽泰, 2001, 앞의 글, 127쪽.

12) 申虎澈, 1993, 앞의 책, 44쪽.

13) 申虎澈, 1993, 위의 책, 45쪽.

14) 동고산성은 건물지의 규모나 출토된 연화문 막새기와 형식을 볼 때, 왕궁지로 보인다. 동고산성은 전주에서 동남쪽 남원으로 향하는 국도 동편에 있는 해발 306m의 발계봉을 정점으로 하여 동·남·북벽은 산의 능선을 따라 축조되었고, 서북쪽은 전주 시내로 내려가는 계곡을 감싼 포곡식으로 형성되었다(成正鏞, 2000, 「後百濟都城과 防禦體系」, 『후백제와 견훤』, 서경문화사, 74쪽). 한편 후백제의 도성은 동고산성에서 고토성까지 서북-동남 방향으로 길게 반원형으로 이루어졌으며, 산성을 정점으로 5개의 구획으로 구분되었다(전영래, 2001, 「후백제와 전주」, 『후백제 견훤정권과 전주』, 주류성).

남북으로는 날개모양의 익성을 설치한 독특한 형식이다. 성 전체의 둘레는 1588.3m이고, 북쪽 익성의 길이는 112m, 남쪽 익성의 길이는 123m이다. 동서축의 길이는 314m, 남북축의 길이는 256m이고 성벽의 높이는 약 4m이다.

'전주성'이라는 글씨가 기록된 연꽃무늬 와당이 동고산성에서 발견된 것으로 볼 때 전주성으로 불렸음을 알 수 있다. 또한 현재 동·서·남문터와 배수구문, 건물터, 우물터 시설이 성 내부에 남아 있으며, '중방'·'관'자를 새긴 암키와 조각 등이 발견되었다. 이는 동고산성 내에 여러 관부가 설치되었음을 의미한다.

동고산성은 승암산 정상 부분에 위치한 상성(上城)이 왕궁으로 이용되었고, 중간 허리에 해당하는 중성(中城)은 관청으로 사용되었다. 그리고 산 밑 자락에 위치한 내성(內城)은 왕족과 귀족들이 거주한 것으로 보고 있다. 동고산성에 위치한 견훤의 왕궁은 2층으로 이루어진 정면 22칸의 대형 건물로 밝혀졌는데, 경복궁의 근정전보다 2배 정도 큰 규모였다.

한편 현재 전주시내에 위치한 전주고등학교 뒤쪽에는 견훤이 축조한 고토성(古土城)과 관련된 주춧돌이 민가에 흩어져 있다. 고토성과 동고산성은 약 4km 정도 떨어져 있는데, 고토성은 견훤의 내성 역할을 하였던 평지성으로 보고 있다.[15]

견훤은 도성 및 궁궐의 축조와 더불어 무진주 시절에 '신라서면도통'을 자처하던 단계에서 벗어나 정식으로 후백제의 왕위에 올랐다.[16] 정

---

15) KBS, 2001, 「백제 대왕 견훤, 왜 몰락했는가?」, 『역사스페셜』 118회 원고.
16) 견훤이 칭한 정식 국호는 '후백제'가 아닌 '백제'였다. 『三國史記』의 찬자

개(正開)를 연호로 사용하는 등 건원(建元)하여 국가와 왕실의 권위를 대외적으로 드높이는 등, 견훤은 신라를 의식하던 단계에서 벗어나 후백제가 천하의 중심국임을 내외에 표방하였다.

견훤이 왕을 칭하고 독자적인 연호를 사용한 것은 신라의 쇠퇴와 호족 분립의 시대를 감안할지라도 획기적인 변화였다. 견훤은 칭왕 및 연호 사용과 더불어 설관분직(設官分職)하는 등 국가체제의 정비에 노력을 기울였다.[17]

견훤은 설관분직을 통해 정부기구 밖에서 정치권력을 행사하던 호족들을 관료의 지위로 강등시키고 중앙집권적 국가체제로 전환을 시도하였다. 후백제는 신라의 지방정권을 탈피하였을 뿐만 아니라 중국과 동등한 국가를 자처하게 되었다.

견훤의 칭왕과 독자적인 연호의 사용은 경쟁적인 관계에 있던 궁예 정권을 의식하면서 이루어졌다. 궁예는 견훤보다 1년 뒤늦은 901년에 왕을 칭하였으며, 904년이 되어서야 국호와 연호를 각각 마진(摩震)과 무태(武泰)라고 하였다. 궁예는 895년에 철원을 장악한 이후 왕건을 비롯한 패서지역의 호족들이 복속하자 내외관직을 설치하였지만,[18] 칭

등 후대의 사가들이 이전의 백제와 구별하기 위해서 '후'자를 붙인 것에 불과하였다. 이것은 금석문 등 당시의 기록을 통해 분명하게 확인할 수 있다. 申虎澈, 1996, 「후삼국의 성립 : 후백제」, 『한국사』 11, 국사편찬위원회, 107쪽 각주 5).

17) 견훤이 관직을 설치하고 직책을 분장한 것은 고대의 유학사상에서 군주는 '天을 대리하여 통치하며, 군주가 치정을 하는 데는 設官分職한다'라는 자연사상에 근거를 두었다. 『周禮』에는 "辨方正位 體國經野 設官分職 以爲民極"으로 되어 있다.

18) 趙仁成, 1996, 「후삼국의 성립 : 태봉」, 『한국사』 11, 국사편찬위원회, 139쪽.

왕과 연호의 사용은 후백제보다 조금 늦게 이루어졌다.

이와 같이 견훤은 전주에 입성한 후에 의자왕의 원한을 갚는다는 명분을 내세워 후백제 건국을 정식으로 선포한 후 입도(立都)·칭왕(稱 王)하였고, 설관분직하는 등 국가체제를 정비하였다. 견훤은 궁예를 의식하여 먼저 칭왕하고 독자적인 연호를 사용하여 황제국과 비견되는 국가임을 내외에 천명하였다.19)

또한 견훤은 전주로 천도한 직후에 중국의 오월에 사절을 파견하였다.20) 그가 오월에 사절을 파견한 것은 후백제의 건국 사실을 전하고 이를 공인 받으려는 목적 때문이었다. 오월왕은 보빙사(報聘使)를 후백제에 파견하여 견훤에게 '검교대보(檢校大保)'의 직을 제수하였다. 이를 통해 오월은 견훤정권의 수립을 공식적으로 인정하였다.21)

한편 견훤의 완산주 천도와 국가체제 정비를 호족연합정책 포기와 전제왕권 추구로 이해하는 견해도 있다.22) 그러나 견훤이 완산주로 천

---

19) 한편 견훤이 후백제왕을 칭하였지만 신라의 왕과 비교하여 동등한 위치에 있었던 것이 아니라 여러 史書나 玉龍寺 洞眞大師寶雲塔碑에 보이는 '都統', '太傅' 등의 직함 등으로 볼 때 신라의 지방관을 자처한 것으로 보기도 한다. 또한 견훤과 왕건 사이에 교환된 외교문서에 "나는 尊王의 義를 두터이 하고 事大의 情을 깊이 하였다"(『三國史記』권50, 列傳10, 甄萱)라는 등의 내용을 근거로 들고 있다(申虎哲, 1993, 앞의 책, 107쪽). 그러나 견훤의 후백제 건국과 칭제건원은 신라와 종주-부용관계를 뛰어 넘어 자국이 천하의 중심임을 선포한 내용을 담고 있다.

20) 『三國史記』권50, 列傳10, 甄萱.

21) 申虎哲, 1993, 앞의 책, 136쪽.

22) 견훤이 호족연합정치를 포기하고 전제왕권을 추구한 시기를 900년대 후반으로 보는 견해(鄭淸柱, 2002, 앞의 글, 77쪽)와 918년 이후로 이해하는 견해가 있다(金壽泰, 1999, 「全州 遷都期 甄萱政權의 變化」, 『한국고대사연구』15).

도한 후 곧바로 강력한 권한을 행사하는 전제왕권을 추구한 것으로 이해하는 것은 곤란하다.

견훤은 무진주 시절부터 점령지역을 원활히 통치하고 자신이 출신지인 상주에서 멀리 떨어진 전남지역에서 거병한 한계를 보완하기 위해 토착호족과 결합이 절실하였다. 견훤은 여러 명의 왕비가 있었고, 자식이 십여 명에 이르렀다. 견훤이 여러 명의 왕비를 두었던 것은 호족과의 혼인정책에 따른 결과이었다.

견훤은 처음에는 무주의 부호가(富豪家)와 혼인을 하였고, 전주로 천도한 후에도 전주 일대의 호족세력과 혼인관계를 맺었다.[23] 또한 견훤은 그의 자녀들도 지방의 유력한 호족들과 혼인시켰는데, 무주성주 지훤(池萱)과 승주 대호족인 박영규 등이 견훤의 사위가 되었다.

견훤정권의 수립은 주로 호족세력과의 결합을 통해 이루어진 호족연합정책의 결과였다.[24] 견훤과 마찬가지로 왕건 역시 많은 호족세력과 혼인관계를 통해 인척관계를 맺으면서 호족융합정책을 표방한 것은 주지의 사실이다.

따라서 견훤이 전주로 천도한 후 국가체제가 정비되고 왕권이 안정됨에 따라 강력한 권한을 행사할 수 있는 토대가 마련된 것은 사실이지만 그 성격을 전제왕권으로 보기는 어렵다. 전제왕권이란 모든 국가권력이 국왕에게 집중되어 아무런 제한이나 구속 없이 마음대로 운용하는 정치체제를 말한다.

---

23) 신호철, 2000, 「후백제 견훤왕의 역사적 평가와 그 의미」, 『후백제와 견훤』, 서경문화사, 22쪽.

24) 申虎澈, 1993, 위의 책, 104쪽.

그러나 후백제의 경우 지방통치의 실권은 통치자인 견훤에게 있는 것이 아니라 그 지역을 관할하던 호족들의 수중에 놓여 있었다. 따라서 후백제나 궁예정권의 영역확장은 무력을 앞세워 일방적으로 상대국의 국토를 유린하거나 차지하는 형태가 아니라 유력한 호족과 관계를 맺거나 다른 국가와의 연대를 차단하는 방향으로 진행되었다.

견훤은 후백제의 국가체제가 정비되고 왕권강화가 이루어지자 본격적으로 영토 확장에 나섰다. 후백제의 영역이었던 공주, 전주, 무주를 벗어나 세력기반을 확대하기 위하여 경상지역과 서남해 방향으로 진출하였다.

2. 경남 서부지역 진출과 대야성 전투

견훤이 후백제의 국가체제를 정비한 후 영역확장에 나서면서 가장 먼저 진출한 곳은 경남 서부지역이었다. 견훤은 901년 8월에 군대를 보내 경남 합천에 위치한 대야성을 공격하였다.[25] 대야성은 현재 합천군 합천읍 합천리에 위치한 해발 90m의 매봉산 정상에 자연지형을 이용하여 축성한 테뫼식 산성이었다.

대야성이 축조된 것은 삼국전쟁이 본격적으로 전개되기 시작한 6세기 중엽이었다. 신라는 562년(진흥왕 23)에 대가야를 병합한 후 새로 점거한 경남지역의 진수(鎭守)와 백제의 침입을 막기 위하여 대야주(대량주)를 설치하면서 대야성을 축조하였다.

신라는 삼국을 통일한 후 대야성이 서남지역 진수를 위한 군사기지

---

25) 『三國史記』 권12, 新羅本紀12, 孝恭王 5年.

대야성의 원경 | 경상남도 합천군의 매봉산(해발 90m) 정상을 둘러 쌓은 대야성은 흙과 돌을 이용하여 쌓은 성이다. 성벽의 길이는 300m 정도인데 대부분 훼손되어 원형이 남아있지 않다. 다만 부분적으로 건물터와 적을 막기 위해 세운 울타리의 흔적이 남아 있다.

로서의 중요성을 잃게 되자, 경덕왕 16년(757) 12월에 대야주를 '주(州)'에서 '군(郡)'으로 강등하면서 강양군(江陽郡)으로 개칭하였다.[26] 그러나 후삼국시대가 전개되면서 대야성은 후백제의 경남지역 진출을 방어하는 전략적 요충지로서 중요성이 다시 부각되었다.

대야성은 육십령과 팔량치를 통과하여 소백산맥을 넘어 온 후백제군을 방어하고, 경남 서부지역을 통괄하는 거점이었다. 후백제는 대야성을 공격하기 위해 전북 장수에서 육십령[27]을 넘어 함양을 거쳐 합천

---

26) 『三國史記』 권34, 雜志5, 地理1, 康州.

27) 육십령은 전북 장수군 장계면과 경남 함양군 서상면의 경계에 있으며 해발 734m의 높이로 六十峴 또는 六卜峙라고도 불렸다. 육십령은 소백산맥 줄기의 덕유산과 백운산 사이에 위치하며, 오늘날에는 영남과 호남지방을 연결하는 주요 교통로로 이용되며 전주~대구를 잇는 국도가 지나고 있다.

발굴 과정에서 드러난 대야성 성벽의 일부

방향으로 나아갔다. 그 외에도 후백제는 남원 운봉에서 팔량치를 넘어 함양을 거쳐 합천으로 진출했을 가능성도 없지 않다.

　대야성은 낙동강 서쪽지역의 전략적 요충지였기 때문에 후백제의 첫 번째 공격 대상이 되었다. 삼국시대의 사례를 보면 신라는 대야성이 무너지면 경남 서부지역을 대부분 상실하고, 대(對)백제 방어선도 낙동강을 건너 경북 경산지방으로 대거 후퇴하였다.[28] 이와 같은 전쟁의 양상은 후삼국시대에도 별다른 차이가 없었다.

　견훤은 대야성을 함락하여 그 인근에 위치한 함양·거창·산청 등의 내륙지역과 하동·진주·사천·고성·마산 등의 경남 남부 해안지역을 석권하려고 하였다. 그러나 견훤의 대야성 공격은 신라군의 선방에 막혀 수포로 돌아가고 말았다. 신라는 후백제의 공세를 대야성에서 차

---

28) 문안식, 2006, 『백제의 흥망과 전쟁』, 혜안, 411쪽.

단함으로써 일단 위기를 수습하고 전력을 재편할 수 있는 시간을 확보하였다.

후백제는 대야성을 함락하지 못하였지만 공격 과정에서 큰 피해를 입지는 않았다. 또한 후백제는 대야성 공격을 전후하여 함양·산청·하동·진주를 비롯한 경남 서부의 일부지역을 차지하였다. 또한 후백제는 견훤이 거병한 순천 및 광양과 가까운 곳에 위치하며 해로의 요충지에 해당하는 강주(진주)와 그 주변지역을 장악하였을 가능성이 높다. 강주를 비롯한 경남 서부의 해안지역은 일본과의 국제교류와 국내의 세력 확대를 위해 반드시 확보할 필요가 있었다.[29]

후백제가 대야성 공격을 전후하여 강주를 비롯한 경남 서부지역을 장악한 사실을 알려주는 직접 사료는 남아 있지 않다. 다만 궁예가 903년 3월에 이르러 왕건을 파견하여

> A. 천복(天復) 3년 계해년 3월에 수군을 거느리고 서해를 거쳐 광주(光州) 경계에 이르러 금성군을 공격하여 함락하고 10여 고을을 차지하였으며, 금성을 나주로 고친 후 군사를 나누어 지키게 한 후 돌아왔다. 이 해에 양주(良州)의 장군 김인훈(金忍訓)이 위급함을 고하자, 궁예가 태조로 하여금 가서 구하도록 하였다.[30]

라고 하였듯이, 경남 양산을 치소로 하고 있던 양주 호족 김인훈을 구원한 사례를 통해 유추할 수 있다.

양주는 여러 차례에 걸친 명칭의 변화에도 불구하고 신라 이래 고려

---

29) 姜鳳龍, 2001, 앞의 글, 111쪽.

30) 『高麗史』 권1, 世家1, 太祖 前文.

후백제군이 경남지역으로 진출하면서 자주 넘나들던 육십령 원경

초기까지 경남 해안지역의 중요한 거점이었다. 김인훈은 양주의 유력한 호족이었는데, 강주를 장악한 후백제가 세력을 확대하자 궁예에게 구원을 요청한 것으로 추정된다. 김인훈의 지원 요청을 받은 궁예는 왕건으로 하여금 양주지역을 구원하도록 하였다. 왕건은 수군을 이끌고 나주지역을 거쳐 남해안을 따라 양주지역까지 출전한 것으로 판단된다.[31]

따라서 후백제는 대야성 공격을 전후하여 팔량치와 육십령 등의 교통로와 그 인근지역을 장악하였을 가능성이 높다. 또한 후백제는 강주를 비롯하여 사천과 고성 등의 경남 서남부 해안지역을 복속하고 그

---

31) 한편 양주를 양산지역을 보지 않고 대구 일대로 추정하여 태봉군의 행군 경로를 개성-서울-이천-진천-보은-상주-대구 순으로 진행된 것으로 보는 견해도 없지 않다(金甲童, 1990, 『羅末麗初의 호족과 사회변동연구』, 고려대 민족문화연구소, 34쪽).

세력을 김인훈이 지배하고 있던 양주 일대로 확대할 수 있는 여건을 마련하였다.

그러나 후백제는 신라군을 낙동강 동안으로 밀어내는 데 실패하였고, 마산과 진해 및 창원 등의 남해안지역도 차지하지 못하였다. 이곳에는 양주의 김인훈(金忍訓) 외에도 김해의 소율희(蕭律熙), 진례의 김인광(金仁匡) 등의 호족세력이 존재하였다. 또한 합천 이북에 위치한 고령·성주·선산을 비롯한 경북 내륙도 장악하지 못하였다.

3. 후백제 동진정책과 마진 남진정책의 충돌

후백제가 소백산맥을 넘어 경남 서부지역으로 진출하자 궁예정권도 대책 마련에 나섰다. 궁예가 보낸 후고구려군은 904년 소백산맥을 넘어 상주 방면으로 진출하여 후백제와 공방전을 벌이게 되었다. 궁예는 후백제가 강주(진주)를 비롯한 경남 서부지역 일부를 획득한 데 이어 양주까지 진출하자 소백산맥을 넘어 경북 서북지역으로 진출하였다.

궁예는 경상지역 진출에 앞서 국가체제를 정비하였다. 901년에 칭왕(稱王)하면서 고구려의 계승자를 자처하였고, 904년에는 국호과 연호를 각각 마진(摩震)과 무태(武泰)로 정하였다. 궁예는 904년 7월에는 송악에서 철원으로 수도를 옮기면서 청주인 1천호를 이주시켜 통치기반으로 삼았다.[32] 궁예는 청주인들을 측근으로 활용하여 기존의 고구려 지역 출신 호족들을 견제하고 상호간의 대립을 조장하여 왕권강화를 도

---

32) 洪承基, 1992, 「궁예왕의 전제적 왕권의 추구」, 『허선도기념 한국사학논총』, 일조각.

모하였다.[33]

궁예는 수도를 옮기는 등 내정이 안정되자 경북 서북지역으로 진출하여 상주(尙州)를 비롯하여 30여 현을 차지하였다.[34] 궁예가 차지한 곳은 상주를 비롯하여 문경, 점촌 등으로 추정된다. 이미 양길의 막하에 있던 892년에 주천(예천)을 장악했던 데 이어, 이제 상주 등을 차지하면서 경북 서북지역과 북부지역까지 영역을 확대하게 된 것이다.

궁예가 보낸 마진의 군대는 계립령을 넘어 문경과 점촌을 거쳐 상주지역으로 남하하였을 가능성이 높다. 상주는 계립령을 넘어 충주로 통하는 길 외에 이화령을 넘어 보은·청주로 통하는 도로가 교차하는 요충지에 해당되며, 이화령이나 계립령 등의 고갯길은 한반도 중부지방에서 소백산맥을 넘어 경북지역으로 진출하는 데 필수적인 곳이었다. 이런 소백산맥길 및 경북의 서북지역을 궁예가 차지하였으나, 신라는 별다른 대책을 세울 수 없었다. 효공왕은 여러 성주들에게 명하여 나가서 싸우지 말고 성벽을 굳건히 하여 지키도록 지시할 따름이었다.[35]

한편 궁예가 경북 서북지역을 석권하자 공주장군 홍기(弘奇)도 마진에 투항하였다.[36] 공주지역의 호족들은 궁예가 여러 곳의 전투를 승리로 이끌면서 세력을 크게 떨치자 귀부한 것으로 추정된다. 이로써 궁예가 차지한 영역은 금강을 넘어 공주까지 미치게 되었다.

---

33) 이재범, 1999, 『슬픈궁예』, 푸른역사, 224쪽.

34) 『三國史記』 권50, 列傳10, 弓裔.

35) 『三國史記』 권12, 新羅本紀12, 孝恭王 9年.

36) 『三國史記』 권50, 列傳10, 弓裔.

공주 공산성 북쪽 성벽의 일부 | 공주장군 홍기(弘奇)가 근거지로 삼았을 가능성이 높다.

궁예는 공주지역을 장악한 후, 후백제와 인접하였을 뿐만 아니라 옛 백제의 전통이 강하게 남아 있던 이 지역 호족들을 우대하여 견훤의 진출을 차단하였다.

궁예가 남정북벌을 통하여 사방으로 영역을 확장하자, 견훤은 그 기세를 꺾기 위하여 군대를 상주지역으로 파견하였다. 금강을 넘어 공주지역을 석권하고 이화령·계립령을 넘어 경상지역으로 진출한 궁예의 욱일승천(旭日昇天) 기세를 더 이상 방치할 수 없게 된 것이다.

이로써 견훤과 궁예는 경북 서북지역의 지배권을 둘러싸고 처음으로 정면 승부를 벌이는 순간이 다가왔다. 전투는 상주 사화진 및 부근에서 몇 차례에 걸쳐 전개되었다. 상주는 『택리지(擇里志)』에

A. 상주는 일명 낙양(洛陽)이라 하며, 조령 아래의 큰 도회이다. 산세는

웅대하고 평야는 넓으며, 북쪽은 조령에 가까워져 충청·경기에 통하고, 동쪽은 낙동강에 임하여 김해·동래에 통한다. 육운이나 해운이 모두 남북으로 통하여 수륙교통의 요지를 이룬다.[37]

라고 하였듯이, 중부지방에서 계립령과 이화령 등을 넘어 신라의 경주로 이어지는 길목이었을 뿐만 아니라 낙동강 상류지역 해운교통의 중심으로, 육운(陸運)과 해운(海運)을 이용한 교통의 요충지에 위치하여 전략적으로 매우 중요한 지역이었다. 견훤은 이 상주를 장악하여 궁예의 남진 예봉을 꺾고 낙동강 수로(水路)를 차지하려 한 것이다.

견훤이 군대를 보내 상주와 그 인근지역을 차지하자, 이에 맞서 궁예는 906년 4월 왕건에게 명하여 정기장군(精騎將軍) 검식(黔式) 등과 군사 3,000명을 거느리고 상주의 사화진을 공격하게 하였다.[38] 견훤은 왕건이 이끈 마진군과 수 차례에 걸쳐 격렬한 공방전을 전개하였으나,

B. 돌아와서 변방을 안정시키고 경계를 개척할 계책을 말하니, 좌우의 신하가 모두 주목하였으며, 궁예도 역시 기이하게 여겨 벼슬을 올려 알찬(閼粲)을 삼았다. 상주의 사화진을 쳐서 견훤과 여러 번 싸워 이겼다.[39]

라고 하였듯이, 사화진 전투에서 패배하여 상주와 그 인근지역을 궁예정권에 다시 넘겨주고 말았다. 양국 간의 첫 대결은 마진의 승리로 돌아

---

37) 李重煥,「八道總論 全羅道」,『擇里志』.

38)『高麗史』권1, 世家1, 太祖 前文.

39)『高麗史』권1, 世家1, 太祖 前文.

갔고, 견훤은 패전의 아픔을 달랠 수밖에 없었다.

견훤은 사화진 전투에서 당한 패배를 만회하기 위하여 다음해에 다시 군대를 일으켰다. 후백제군은 상주지역을 공격하지 않고, 충북 영동에서 추풍령40)을 넘어 남쪽의 김천과 선산 방향으로 나아갔다. 그 결과 견훤은 일선군(一善郡 : 선산) 이남의 김천, 칠곡 일대에 분포된 10여 성을 차지하게 되었다.41)

이제 후백제는 추풍령을 넘어 낙동강 중류지역을 장악하여 마진의 남하를 견제하면서 경주로 통할 수 있는 거점을 마련하였다. 또한 안동 방면에서 김해까지 흘러 영남지역의 대동맥 구실을 하는 낙동강의 허리를 자름으로써 대수로를 확보하는 데도 성공하였다.

이는 신라 조정과 영남지역 호족들을 경제적으로 고립시키려는 전략의 일환이었으며, 동시에 상주 방면에 병력을 주둔시킨 마진의 수로 이용을 봉쇄하기 위한 것이었다.42) 그러나 후백제는 선산지역에 교두보를 마련한 성과에도 불구하고, 합천 대야성 일대까지 남진하지는 않았다.

후백제와 마진 사이에 낙동강 중·상류지역을 두고 전개된 대립은 소강상태로 접어들었다. 견훤은 전황이 소강상태에 놓이게 되자 새로운 돌파구를 찾아 서남해지역 공략에 나섰다. 이에 양국은 909년부터

---

40) 추풍령은 충북 영동군 추풍령면과 경북 김천시 봉산면의 경계에 있는 해발 221m에 위치한다. 추풍령은 소백산맥과 노령산맥의 분기점으로 금강과 낙동강의 분수령이며, 예로부터 영남지방과 중부지방을 잇는 중요한 교통로 역할을 하였다.

41) 『三國史記』권12, 新羅本紀12, 孝恭王 11年.

42) 이도학, 1988, 앞의 책, 125쪽.

914년까지 수 차례에 걸쳐 서남해지역을 사이에 두고 치열한 공방전을
전개하게 된다.

제3장
서남해지역 경략과 호족세력의 추이

1. 후삼국의 정립과 서남해지역의 동향

후백제는 선산을 비롯하여 경북 서북지역의 10여 성을 차지한 후 서남해지역 공략에 나섰다. 후백제가 900년에 무주를 떠나 완산주로 도읍을 옮긴 주요 원인 중의 하나는 나주를 비롯한 서남해지역을 차지하지 못하여 배후를 위협 받았기 때문이다.

견훤은 순천과 광양 일대에서 거병한 후 어렵지 않게 무진주를 장악한 후 전남의 대부분 지역을 석권하였다. 전남지역을 석권한 후 이어 금강 이남지역을 차지하면서 후삼국시대 개막의 주인공이 될 만큼 두드러진 성장을 하였다.

그러나 견훤은 나주를 비롯한 서남해지역은 오랫동안 장악하지 못하였다. 나주는『고려사』유금필전(庾黔弼傳)에 "나주계사십여군(羅州界四十餘郡)"[1]이라 하였듯이, 서남해지역의 중심지 구실을 해 왔고, 서남해의 40여 군을 관할하였을 가능성이 컸다.

그러나 신라가 삼국을 통일한 후 전남지역에 무진주를 설치하면서 15군 43현을 둔 사실[2]을 고려하면 이 기사는 지나치게 과장되었음을 알 수 있다.『고려사』지리지에 나주의 관할 지역을 "속군오 현십일(屬郡五 縣十一)"[3]이라고 하였듯이, 그 관할 범위는 5군 11현 정도였을 것으로 판단된다.

나주의 관할지역은 영광과 함평, 무안과 신안, 영암, 해남, 완도, 진도 등이 해당되었다. 이 서남해지역은 전남의 대략 1/3을 차지할 만큼 광범

---

1)『高麗史』권92, 列傳5, 庾黔弼.

2)『三國史記』권37, 雜誌6, 地理4, 百濟.

3)『高麗史』권11, 地理2, 全羅道 羅州.

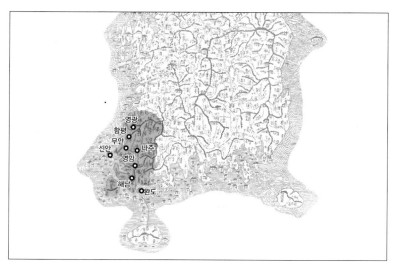

후삼국 당시 서남해의 영역 | 후백제와 태봉이 치열한 각축전을 펼쳤던 서남해지역을 대동여지도 상에 표기하였다.

위하였다. 나주가 서남해지역의 중심지가 된 까닭은 영산강유역 깊숙이 들어온 내해(內海)를 이용하여 해상활동과 역내 교역을 주도할 수 있는 지정학적 조건을 갖추었기 때문이다.

고대사회의 영산강유역은 내해[4]가 나주와 영암 일대까지 만(灣)을 형성하여 오늘날의 지형과는 상이하였다. 나주와 영암은 저평하게 발달한 구릉 사이를 해수가 밀고 올라와 곳곳에 작은 반도와 만이 발달하였다. 그러나 1970년대 추진된 영산강하구언 공사로 넓은 농경지가 형성되면서 지형조건이 크게 변화되었다.[5]

---

4) 당시의 영산강 하류지역은 內海가 넓은 南海灣을 형성하였으며, 현재의 행정구역상 나주, 영암, 무안, 함평, 목포 등 5개 시군에 걸쳐 있었다. 이를 榮山內海로 표현하고자 한다.

5) 영산강유역 종합개발사업은 1971년부터 시작되어 제1단계 사업으로 나주, 담양, 장성, 광주 등 4개 댐이 축조되었다. 그리고 1978년부터 제2단계 사업

그 이전까지 나주지역은 중소형 선박이 입출항하였으며, 고대에는 대형 선박의 통행도 가능하였다.[6] 이를 입증하듯이 최근 나주시 영산동에서는 고려 건국기에 건조된 것으로 보이는 역대 최대 규모의 선박 조각이 발견되기도 하였다.[7]

이와 같이 나주는 후삼국시대에 영산강이 바다와 합류되는 해안지역이었고 상대포, 구진포, 영산포를 비롯한 중요한 포구들이 존재하였다. 나주의 호족들은 해로(海路)와 수로(水路)가 만나는 요충지에 위치한 지리적 이점을 이용하여 해상활동을 주도하였다.

으로 영암군 삼호면 산호리에서 나불도, 닭섬, 문도를 거쳐 무안군 삼양면 옥암리 복흥산 기슭에 이르는 길이 4,351m의 하구언공사가 시작되어 1981년 2월 물막이 공사가 완공되자 영산강의 흐름은 새로운 면을 맞이하게 되었다. 나주지역의 대표적인 포구이었던 영산포는 1977년 10월 마지막 배가 떠남으로써 수운 기능이 완전 중지되었다(김경수, 1997, 「영산강유역의 수운」,『영산강유역사연구』, 한국향토사연구전국협의회, 639쪽).

6) 서해의 조수는 영암 시종을 지나 나주지역까지 미쳤다.『新增東國輿地勝覽』 나주목조에 의하면 "仰巖은 錦江의 남안에 있는데, 노자암으로 불리기도 하였다. 그 밑에는 물이 깊어 헤아릴 수 없는 데 속설에 용이 있다고 한다. 바위 밑에 구멍이 있는데 조수가 밀려 갔을 때는 보인다.……錦江津은 목포 혹은 남포라고 한다. 곧 광탄의 하류인데 州의 남쪽 11리에 있다.……금강은 나주 동남쪽을 경유하여 회진현 남쪽을 지나 서쪽으로 바다에 들어간다"라고 하여, 나주지역까지 만조시에 바닷물이 유입되었음을 알 수 있다.

7) 최근에 발견된 선박은 저판재(배 밑판의 부재)의 길이가 9.2m, 선미부 만곡 부재(배의 밑판과 외판을 연결하는 부재)가 5.8m에 달해 초대형으로 밝혀졌다. 따라서 그 길이가 최소 32m, 최대 42m에 달하며, 건조 연대는 고려시대 초기 또는 그 이전으로 보고 있다(2004년 4월 13일 연합뉴스 참조). 고려의 태조가 사방 16步에 달하는 대형 선박을 건조하였다는 기록이 남아 있는데 (『高麗史』권1, 世家1, 太祖 前文), 그 규모는 약 32m에 이르는 大船에 해당된다. 따라서 영산동에서 조사된 선박 유물이 태조의 治世에 건조된 것과 관련이 있을 가능성이 높다.

이들은 주변의 농경지에서 생산된 농산물, 서남해 연안과 내해에서 생산된 소금·해산물을 집적하여 경제적 기반을 마련하였다. 서거정 (徐居正)이 쓴 「벽오헌(碧梧軒)중수기」와 『신증동국여지승람(新增東國 輿地勝覽)』 나주목(羅州牧) 편에 의하면

A-1. 나주는 전라도에서 가장 커서 땅이 넓고, 물산이 풍성하여 전라도 의 조세가 모이는 곳이다. 사방의 상인들이 몰려든다.[8]

2. 나주의 지리적 조건과 상업활동에 대하여 "나주는 전라도에서 가 장 커서 땅이 넓고 민물(民物)이 번성하다. 땅이 또한 바닷가라 메벼가 많이 나고, 물산이 풍성하여 전라도의 조세가 모이는 곳이 고, 사방의 상인들이 몰려든다"라고 하여, 나주가 바닷가에 위치 한 상업의 요지였음을 알 수 있다.[9]

라고 하였듯이, 사방에서 사람과 물산이 모여드는 나주의 번영 상황을 알 수 있다.

그 반면에 광주를 비롯한 장성·화순·담양 등 영산강 상류지역은 수로를 따라 선박의 통행이 가능하였지만, 생활기반은 내륙적 요소가 더 강하였다. 이러한 지정학적 차이 때문에 영산강 중·하류지역을 포 함한 서남해지역의 해상세력과 영산강 상류지역 토착세력의 사이에는 대립관계가 조성되었을 가능성이 높다.

신라가 삼국을 통일한 후 전남지역에 무진주를 설치하고 그 치소를 무주(현재의 광주)에 두었다. 신라는 중앙집권화 정책을 강력하게 추진

---

8) 『新增東國輿地勝覽』 권35, 羅州牧, 宮室.

9) 『新增東國輿地勝覽』 권35, 羅州牧 宮室 碧梧軒.

하면서 해상세력의 독자적인 대외활동을 억제하였다. 신라는 항로의 요충지에 위치한 압해도와 진도를 군으로 승격시켰지만, 전남지역 통치의 거점은 내륙에 위치한 무주로 정하였다.

전남지역의 중심지는 백포만→ 영암 시종→ 나주 반남→ 장성 진원을 거쳐 내륙의 무주지역으로 옮겨졌다. 신라는 통일 후 전제왕권을 지향하는 등 강력한 지방통치를 실시하면서 내륙의 무주세력을 전면에 내세워 그 외곽의 해상세력 등을 감시하고 견제하는 분할통치를 실시하였다. 신라는 무주의 내륙 토착세력과 결탁하여 서남해지역의 해상세력의 발호를 억제하였다.[10]

신라가 전남지역을 지배한 후 중앙권력과 밀착된 무주 등의 내륙 토착세력은 번영을 구가하였고, 그 외곽에 존재한 해상세력은 쇠퇴하게 되었다. 다만 서남해의 해상세력은 독자적인 대외교섭이나 무역활동 등이 봉쇄되었지만 지리적인 여건에 편승하여 일정 정도의 토착기반을 유지하였을 가능성은 없지 않다. 서남해지역의 해상세력은 지방에 대한 신라 중앙정부의 통제력이 약화되면 자립을 추구할 수 있는 여력이 남아 있었으며, 장보고의 등장과 청해진 설치의 배경이 되기도 하였다.

신라의 중앙집권력이 약화된 후 견훤이 무진주를 장악하는 과정에서 서남해지역의 해상세력은 후백제의 세력권으로 들어가지 않고 자립을 추구하였다. 이곳의 해상세력은 서남해 연안과 그 부속도서를 중심으로 하여 활발한 해상활동을 전개하였다. 이들은 열린 바닷길을 이용하여 다양한 집단과 관계를 맺으면서 동아시아 국제외교에 능동적으로

---

10) 문안식・이대석, 2004, 『한국고대의 지방사회』, 혜안, 262쪽.

참여하였다. 서남해지역의 해상세력은 해로를 이용한 대외교류를 통하여 자신들의 독자적인 정치적 위상을 확보하였다.

고대사회를 통괄하여 볼 때 백제·신라의 중앙권력과 서남해지역의 해상세력은 정부의 간섭과 토착세력의 자율성을 사이에 두고 갈등을 빚곤 하였다. 그러나 전남의 내륙세력은 중앙정부와 밀접한 관계를 맺고 자신들의 재지기반과 기득권을 확보하려는 측면이 강하였다.[11]

그 와중에 중앙정부는 내륙세력과 해상세력 사이의 대립을 적절히 이용하면서 전남지역을 통치하였다. 양자의 대립관계는 중앙정부의 지배형태에 반영되었고, 이것이 극명하게 드러난 것은 장보고의 죽음을 전후로 하여 전개된 해상세력과 내륙세력의 대립이었다.[12] 무주 출신의 염장이 청해진의 타도에 앞장선 것은 서남해의 해상권을 장악한 장보고 집단과 내륙 사람들의 경제적 이해관계가 충돌했기 때문이었다.

신라의 중앙정부는 무주를 비롯한 내륙세력의 불만을 교묘히 이용하여 장보고의 암살을 사주하였다. 전남지역의 내륙세력과 해상세력 사이의 오랜 기간에 걸친 갈등은 견훤과 서남해로 진출한 왕건의 대립으로 이어졌다. 청해진의 해체 과정에서 촉발된 해상세력과 육상세력 사이의 대립이 이어진 것이다.[13]

견훤은 광주에서 후백제 건국의 기틀을 마련하면서 10여 년을 머물렀지만 나주를 비롯한 서남해지역을 차지하지 못하였다. 서남해의 해

---

11) 문안식·이대석, 2004, 앞의 책, 327쪽.

12) 金光洙, 1985, 「장보고의 정치사적 위치」, 『장보고의 신연구』, 완도문화원, 8쪽.

13) 鄭淸柱, 1996, 앞의 책, 160쪽.

상세력은 일정한 거점을 중심으로 영역을 확장하면서 중앙정부에 맞서는 형태를 취하지 않고 해안과 도서, 바다를 무대로 하였기 때문에 제압하기 어려웠다. 견훤은 서남해지역을 점령하지 못한 채 완산주로 천도하였다.

견훤은 완산주로 천도하여 후백제를 건국하고 국가체제의 면모를 일신한 후에도 서남해지역을 점령하지 못하였다. 서남해지역 해상세력의 후백제에 대한 저항은 의외로 강경하였다. 이들은 해상활동을 통하여 경제적·군사적 기반을 마련하여 서남해지역의 주민을 독자적으로 지배하였다.

후백제와 서남해 해상세력 사이의 갈등은 전주 천도 이후에 더욱 악화되기 시작하였다. 그러나 후백제와 서남해 해상세력은 처음부터 심각한 대립상태에 있었던 것은 아니었다. 견훤이라는 뛰어난 인물과 그 휘하에 몰려든 집단의 세력규모는 서남해 해상세력을 압도하였다.

그 반면에 서남해를 무대로 각지에 근거지를 확보하고 있던 해상세력은 단일한 지휘부와 영도자가 출현하지 못하였다. 오다련이나 능창(혹은 수달)과 같은 유력한 호족이 존재하였지만, 이들이 중심이 되어 견훤에게 맞서기에는 역부족이었다.

따라서 서남해 해상세력은 견훤정권과 공존을 모색하면서 실리를 취하였고, 견훤도 이들과 우호관계를 맺고 배후의 안정을 도모하였다. 서남해의 해상세력들은 익숙한 해로를 통해 중국이나 일본과의 대외무역에 종사하는 사람들이 적지 않았다.

서남해지역의 주요한 포구로는 백제시대에는 구림의 상대포가 있었고,[14] 후삼국시대에는 영암의 덕진포와 나주의 회진포 등이 널리 알려

졌다. 또한 신라에서 중국으로 건너갈 때 적지 않은 사람들이

> B. 나주의 서쪽이 영암군이고 월출산 밑에 위치하였다. 월출산은 한껏
> 깨끗하고 수려하여 화성(火星)이 하늘에 오르는 산세이다. 산 남쪽
> 은 월남촌이고, 서쪽은 구림촌이다. 아울러 신라 때 이름난 마을로
> 서 지역이 서해와 남해가 맞닿는 곳에 위치하였다. 신라가 당나라로
> 들어갈 때는 모두 본군 바다에서 배가 떠났다. 하루를 타고 가면
> 흑산도에 이르고, 이 섬에서 하루를 타고 가면 홍도에 이르며, 또
> 하루를 타고 가면 가가도에 이르고, 여기서 북동풍으로 사흘을 타고
> 가면 곧 태주(台州) 영파부(寧波府) 정해현(定海縣)에 이르고, 만약
> 순풍이면 하루에 이른다. 남송이 고려와 통하는 데도 정해현 해상에
> 서 배를 출발시키어 7일에 고려 국경에 상륙했다. 그곳이 곧 영암군
> 이다. 당나라 때 신라인이 배를 타고 당에 들어갔을 때도 강나루를
> 통하는 중요한 나루터와 같이 선박의 왕래가 계속되었다. 고운 최치
> 원, 김가기, 최승우는 모두 상선을 따라 당으로 들어가 당의 과거에
> 급제하였다.[15]

라고 하였듯이, 서남해지역에 위치한 영암의 해안가 등지에서 출발하
였다. 서남해지역의 해상세력은 후삼국시대에 이르러 각지에서 호족들
이 자립을 꾀할 수 있던 시대적 배경과 지정학적 조건을 이용하여 외부
세력의 간섭을 받지 않고 독자적인 대외교역을 통하여 번영을 구가하
였다.

---

14) 文安植, 2003, 「王仁의 渡倭와 상대포의 해양교류사적 위상」, 『한국고대사연
　　구』 32.

15) 李重煥, 「八道總論 全羅道」, 『擇里志』.

그러나 견훤정권이 전주로 천도한 후 정식으로 후백제 건국을 선포하고 지배체제가 마련되면서 서남해지역 해상세력의 독자적인 대외교섭을 방해하였을 가능성이 높다. 후백제는 해상세력의 독자적인 대외교섭을 억제하고 외교와 무역의 독점을 꾀하였다. 또한 서남해지역은 중국 및 일본으로 연결되는 국제 교류를 위해서 반드시 확보할 필요가 있었다.16)

견훤이 서남해 해상세력의 독자적인 대외교섭을 방해하고 간섭하기 시작한 것은 후백제를 건국하고 오월왕에게 사절을 파견한 이후로 추정된다. 견훤이 오월에 사절을 파견한 것은 건국 사실을 알리고 국제적으로 공인 받으려는 목적 때문이었다.

오월왕은 보빙사를 파견하여 견훤을 '검교대보'에 제수하는 등 후백제의 수립을 공식적으로 인정하였다.17) 이 과정을 거치면서 견훤은 후백제의 권위를 손상하는 서남해지역 해상세력의 독자적인 대외교섭 행위를 묵과할 수 없게 되었다.

서남해지역의 해상세력은 견훤이 대외교역을 방해하고 억압하자 후백제에 맞설 수밖에 없었다. 그동안 견훤과 해상세력 사이에 유지되었던 공존관계는 무너지고 대립국면으로 접어들었다. 해상세력이 견훤에 맞서 독자적인 활로를 개척하면서 서남해는 분쟁지역으로 떠오르게 되었다.

견훤은 서남해지역의 해상세력이 후백제에 맞서 반기를 들자 무력을 동원하여 제압에 나섰다. 견훤은 전주에 도읍을 정한 후 정권의 안정을

---

16) 姜鳳龍, 2001, 앞의 글, 111쪽.
17) 申虎哲, 1993, 앞의 책, 136쪽.

꾀한 후 901년 8월에 서남해지역을 공략하였다. 견훤은 대야성 원정에서 돌아오는 길에 금성(현재 나주시)의 남쪽 부락을 약탈하였다.[18]

견훤이 금성 남쪽의 부락들을 약탈한 것은 서남해지역 공략이 좌절되어 보복에 나선 것으로 보고 있다.[19] 후백제의 서남해지역 공략은 처음부터 약탈을 목적으로 추진된 것은 아니었다. 견훤은 대야성 공격은 실패하였지만 강주를 비롯한 경남 서남부지역을 석권한 기세를 몰아 서남해지역을 확보하려고 대병을 이끌고 공격에 나섰던 것으로 판단된다.

그러나 견훤의 서남해지역 공략은 해상세력의 강력한 저항을 받아 실패로 끝나고 말았다. 견훤은 서남해지역 공략이 실패로 돌아가자 금성의 남쪽 부락을 약탈하고 돌아가게 되었다. 후백제가 금성의 남쪽 부락을 약탈하고 돌아 간 사실을 고려하면, 공격 목표로 삼은 곳은 서남해의 중심지였던 나주였을 가능성이 높다.

이곳의 호족들은 나주성과 그 인근의 해안기지를 적절히 활용하여 후백제의 공격을 물리친 것으로 판단된다. 나주성은 후백제에 맞서 해상세력이 저항을 꾀한 거점으로 910년에도 후백제와 마진 사이에 큰 전투가 벌어졌다.[20] 견훤은 나주를 비롯한 서남해지역의 호족들이 강력하게 저항하자 금성의 남쪽 부락을 약탈하고 돌아갈 수밖에 없었다.

2. 몽탄 전투의 발발과 그 추이

18) 『三國史記』 권12, 新羅本紀12, 孝恭王 6年.

19) 姜鳳龍, 2001, 앞의 글, 99쪽.

20) 『三國史記』 권12, 新羅本紀 12, 孝恭王 14年.

서남해지역 호족세력은 후백제의 공격을 받고 불안을 느끼게 되었다. 이들은 견훤의 압력에 시달린 끝에 궁예정권에 귀부하였다. 서남해지역 해상세력은 당시 최대 시장인 북중국의 산동반도로 향할 수 있는 항로를 확보하기 위해서도 마진과 긴밀한 관계를 유지할 필요가 있었다.

서남해지역은 마진에서 멀리 떨어져 있으므로 마진의 규제와 간섭이 비교적 적어 해상활동의 자유가 보장된 것도 귀부를 청한 다른 이유가 되었다.[21] 궁예는 서남해지역의 해상세력이 귀부를 청하자 903년에 왕건을 보내

> A. 천복 3년 계해 3월 수군을 거느리고 서해로부터 광주 경계에 이르러 금성군을 공격하여 빼앗고, 10여 군현을 습격하여 점령했다. 이어서 금성을 나주로 개칭하고 군대를 나누어 주둔시킨 후 돌아왔다.[22]

라고 하였듯이, 서해를 거쳐 영산강 하구로 진입하여 나주를 비롯하여 그 인근지역을 장악하였다. 마진은 서남해지역을 장악하여 후백제의 배후를 견제할 수 있는 거점을 확보하게 되었다.

태봉이 왕건을 보내 서남해지역을 장악한 것에 대하여 사료 A에는 "금성을 공격하여 빼앗고 10여 군을 습격하여 점령"한 것으로 되어 있다. 그러나 왕건의 서남해지역 점령은 군사적 성과보다는 이곳 주민들이 자발적으로 귀부한 측면이 강하였다.[23] 사료 A는 왕건의 군사적

---

21) 鄭淸柱, 1993, 앞의 책, 160~161쪽.

22) 『高麗史』권1, 世家1, 太祖1, 前文.

23) 文秀鎭, 1987, 「고려 건국기의 나주세력」, 『성대사림』 4, 21쪽 ; 文暻鉉, 1986,

성과를 강조하기 위하여 금성과 주변의 군현을 점령한 것으로 기록되었을 뿐이다.

왕건이 나주 일대의 10여 군현을 일시에 취할 수 있었던 것은 토착해상세력의 적극적인 협력과 호응이 있었기 때문에 가능하였다.[24] 이는 왕건이 견훤에게 보낸 국서와 『신증동국여지승람』 나주목 편에 각각

B-1. 나부(羅府 : 羅州) 스스로 서(西)로부터 와서 이속(移屬)하였다.[25]
  2. 군인(郡人)이 후고구려왕에게 귀부하였다.[26]

라고 하였듯이, 나주를 비롯한 서남해지역의 호족들이 자발적으로 궁예에게 복속을 청한 사실을 통해 입증된다.

궁예의 명령을 받들어 왕건이 바다를 통해 진출하자 나주지역 호족들은 적극 호응하였다. 왕건은 나주와 그 부근의 10여 현을 복속시킨 후 금성에 병력을 상주시켜 거점으로 삼음과 동시에 그 지명도 나주로 바꾸었다. 마진은 금성과 그 주변지역을 차지하여 나주로 개칭하면서 읍격(邑格)에 변화를 가져왔다. 이는 마진이 나주지역에 대하여 일종의 통치권을 행사한 것으로 이해되기도 한다.[27]

「고려태조의 후삼국통일연구」, 영남대 박사학위논문, 115쪽 ; 申虎澈, 1993, 『후백제견훤정권연구』, 일조각, 50쪽.

24) 鄭淸柱, 1996, 앞의 책, 151쪽.

25) 『三國史記』 권50, 列傳10, 甄萱.

26) 『新增東國輿地勝覽』 권35, 羅州牧 建置沿革.

27) 유영철, 2005, 『고려의 후삼국 통일과정 연구』, 경인문화사, 27쪽.

그러나 마진이 903년 서남해지역을 장악한 사실을 부정하는 견해도 없지 않다. 왕건이 903년 3월에 추진한 나주 공략은 당시에는 불가능하며, 궁예의 수군이 진도와 고이도를 장악하고 서남해지역을 제패한 909년 무렵에 이루어진 것으로 보고 있다.[28]

이러한 주장은 궁예가 904~906년에 경상지역의 상주 일대에서 후백제와 치열한 공방전을 펼친 사실을 고려하면 타당성이 높은 것으로 판단된다. 궁예가 왕건을 앞세워 경상지역으로 진출하기 이전에 서남해지역을 석권했을 가능성은 희박하다. 즉, 궁예가 903년에 왕건을 보내 나주지역을 점령한 것은 사실이 아니고, 서남해지역의 해상세력이 901년에 있었던 견훤의 약탈 이후 위협을 느끼고 마진에 귀부한 일이 잘못 기록된 것으로 판단된다.

마진은 903년에 서남해지역의 해상세력들이 귀부를 청한 것을 계기로 하여 지배권을 확보하는 단계까지 나가지는 못했지만 일정한 영향력을 행사하게 되었다. 또한 마진은 후백제의 감시와 견제를 피해 수군을 보내 나주지역의 포구를 왕래할 수 있게 되었다.

후백제가 마진의 영향력 하에 놓인 서남해지역을 본격적으로 공략하기 시작한 것은 907년에 선산 이남의 10여 성을 장악한 이후였다. 후백제는 경상지역의 전황이 유리하게 돌아가자 그 여세를 몰아 마진이 영향력을 행사하고 있던 서남해지역 공략에 나서게 되었다. 양국은 909년부터 시작하여 914년까지 6년에 걸쳐 치열한 공방전을 전개하였다.

후백제는 서남해지역을 차지하기 위하여 수륙병진작전을 전개하였다. 견훤은 909년에 이르러 선단(船團)을 이끌고 서해를 거쳐 영산내해

---

28) 文暻鉉, 1986, 앞의 글, 109~112쪽.

로 진입하여 나주로 향하였고, 무주성주 지훤도 육군을 이끌고 참전하였다. 견훤은 수군을 동원하여 전략적으로 중요한 서남해의 부속 도서를 먼저 점령하였다.

견훤은 서남해의 도서를 점령한 후 영산강 하구를 거쳐 영산내해로 진입하였다. 견훤이 선단을 이끌고 진입하자 나주지역의 호족세력은

> C. 처음에 나주 관내 여러 군현들이 우리와 떨어져 있고 적병이 길을 막아 서로 응원할 수 없었기 때문에 자못 동요하고 있었다.[29]

라고 하였듯이, 고립된 상태에서 두려움에 떨게 되었다. 견훤의 서남해 지역 공격에 직면하여 궁예는

> D. 양(梁) 개평(開平) 3년 기사(己巳)에 태조는 궁예가 나날이 포학해지는 것을 보고 다시 지방 군무에 뜻을 두었는데 마침 궁예가 나주지방을 걱정하여 태조에게 나주로 가서 지킬 것을 명령하고 관등을 한찬(韓粲), 해군대장군으로 임명하였다.[30]

라고 하였듯이, 가장 믿을 수 있는 왕건으로 하여금 나주지역 구원에 나서도록 하였다. 또한 궁예가 사료 D에서 나주지방을 걱정하여 왕건에게 출전을 명령한 것으로 볼 때 견훤의 공략이 상당한 성과를 거두고 있었음을 알 수 있다.

후백제의 입장에서 볼 때 나주지역은 자국의 후방에 위치하고 있기

---

29) 『高麗史』 권1, 世家1, 太祖 前文.

30) 『高麗史』 권1, 世家1, 太祖 前文.

때문에 다른 어느 지역보다 먼저 차지해야 할 곳이었다. 그러나 서남해
지역의 해상세력들이 903년에 궁예에 귀부한 후 마진에 의탁하여 저항
하고 있었기 때문에 공략하기 쉽지 않았다.

궁예는 후백제가 서남해지역을 공격하자 왕건을 파견하여 구원에
나섰다. 왕건은 서해를 따라 내려오면서 결전을 앞두고 염해현(鹽海縣)
에서 진용을 정비하였다. 염해현은 본래 백제의 고록지현(古祿只縣)으
로 지금의 무안군 임수리에 부근에 위치하여 인근의 여러 도서를 관할
하였다.

신라가 백제를 통합한 이후에 고록지현은 염해현으로 개칭되어 압해
군의 영현(領縣)이 되었으며, 고려 때에는 다시 임치현(臨淄縣)으로 개
명되어 영광군의 속현이 되었다.[31] 따라서 왕건이 머물렀던 염해현은
무안군 해제면 임수리나 그 부근에 위치한 부속 도서의 어느 한 곳으로
추정된다.

왕건은 이곳에 머물면서 후백제의 군세를 파악하는 등 염탐 활동을
전개하였다. 왕건은 후백제군과 교전에 나서지 않고, 견훤이 오월국으
로 보내는 국서를 휴대한 사절을 싣고 항해하는 선박을 노획하여 마진
으로 돌아갔다.[32] 왕건은 후백제의 압도적인 병력과 그 기세에 밀려
승산이 없는 전투를 피하여 후퇴한 것으로 판단된다.

그후 왕건은 정주(貞州 : 경기도 풍덕)에서 전함들을 수리한 후 알찬
(閼粲) 종희(宗希), 김언(金言) 등을 부장으로 삼아 군사 2천 5백을 거느
리고 다시 내려왔다.[33] 종희는 영광 출신으로 여러 번에 걸친 해전에서

---

31) 『高麗史』권11, 地理2, 全羅道 壓海郡.

32) 『高麗史』권1, 世家1, 太祖 前文.

큰 활약을 펼쳤다. 왕건은 서남해지역의 정세와 지리를 잘 알고 있는 종회를 부장으로 삼아 보필을 받았다.

또한 왕건은 자신의 출생지 송악과 가까운 패강진 부근의 해상세력들의 많은 도움을 받았다. 왕건이 나주지역으로 출정할 때 병선의 수리 등을 담당하였던 정주(개풍군 풍덕)는 왕건의 첫 부인인 신혜왕후(神惠王后)의 출신지였다. 그녀의 부친 유천궁(柳天弓)은 인근 사람들이 '장자(長者)'라 칭할 만큼 부를 축적한 호족이었다.[34]

정주는 한강과 임진강 및 예성강이 합류하는 장소로서 서해로 나아가는 출구이자 전략상 요충지였다. 왕건은 정주에서 남하하여 나주지역을 구원하기에 앞서 진도와 고이도를 먼저 점령하였다. 왕건이 진도를 먼저 공격한 것은 견훤이 차지한 핵심지역 중의 하나인 순천과 광양 등의 병력이 후원에 나서는 것을 차단하기 위해서였다.

왕건은 진도를 공격하여 함락시킨 다음 고이도로 향하였다.[35] 왕건이 고이도에 이르니 성안 사람들이 마진 수군의 진용이 대단히 엄숙하고 씩씩한 것을 보고 싸우기 전에 항복하였다.[36] 고이도에는 왕건과 관련된 구비 전승이 많이 남아 있는데, 왕건은 이곳을 장악한 후 고이도성을 거점으로 삼아 배후 위협을 차단하고 안전하게 영산내해로 진입하였다.[37]

---

33) 『高麗史』 권1, 世家1, 太祖 前文.

34) 『高麗史』 권88, 后妃1, 神惠王后.

35) 고이도는 신안군 압해면에 딸린 섬으로 육지인 무안군 망운면에서 남서쪽으로 약 500m 정도 떨어져 있다. 고이도는 섬 전체가 완만한 구릉지를 이루고 있는데 가장 높은 지점이 65m 정도가 되어 해로를 감시하기에 적당하였다.

36) 『高麗史』 권1, 世家1, 太祖 前文.

왕건은 영산내해로 진입하여 후백제군의 주력이 머물고 있던 나주
방향으로 향하지 않고

> E. 궁예가 또 태조에게 명령하여 정주에서 전함들을 수리한 후 알찬
> 종희와 김언 등을 부장으로 하여 군사 2천 5백 명을 거느리고 광주
> 진도군으로 가서 치게 하여 이를 함락하였다. 다시 진격하여 고이도
> 에 머무르니 성안 사람들이 이쪽 진영이 대단히 엄숙하고 씩씩한
> 것을 보고 싸우기도 전에 항복하였다. 다시 나주 포구에 이르렀을
> 때는 견훤이 직접 군사를 이끌고 전함들을 포진시켜 목포에서 덕진
> 포에 이르기까지 전함이 서로 종횡으로 연결되고, 바다와 육지에
> 군사의 세력이 심히 강성하였다. 그것을 보고 우리의 여러 장수들이
> 걱정하였으나, 태조는 "근심하지 말라. 전쟁에서 이기고 지는 것은
> 군대의 의지가 통일되어 있느냐 없느냐 하는 데 있지 그 수가 많고
> 적은 데 있는 것은 아니다"하고 진군하여 급히 치니, 적의 전선이
> 조금 물러가는데 바람을 이용하여 불을 지르니 불에 타고 물에 빠져
> 죽은 자가 반수 이상이나 되었고 5백여 급을 베니 견훤이 작은 배를
> 타고 도망쳐 물러났다.[38]

라고 하였듯이, 그 건너편에 위치한 영암 덕진포 방향으로 나아갔다.
견훤이 지휘하는 후백제 수군은 마진의 선단이 덕진포 방향으로 진격
해오자 전열을 정비하였다. 견훤은 왕건이 수군을 이끌고 나타나자 대

---

37) 『三國史記』 권12, 신라본기12, 孝恭王 13年 조에 의하면, "궁예가 장군에게
명하여 병선을 거느리고 가서 진도군을 항복시켰다. 또한 皐夷島城을 깨뜨
렸다"라고 하여, 고이도에 위치한 城을 공취한 사실을 기록하고 있다.

38) 『高麗史』 권1, 世家1, 太祖 前文.

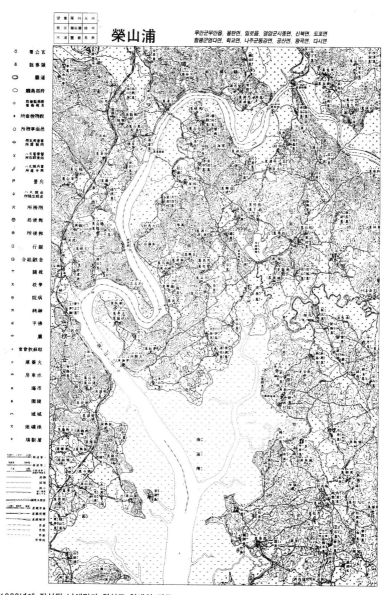

榮山浦

무안군무안읍, 몽탄면, 일로읍, 영암군시종면, 신북면, 도포면
함평군엄다면, 학교면, 나주군동강면, 공산면, 왕곡면, 다시면

1922년에 작성된 남해만과 영산포 일대의 지도

규모의 선단과 함께 육군을 동원한 수륙양면작전을 전개하였다.

견훤은 서남해지역의 거진(巨鎭)이었던 나주성(금성산성)과 주변의 거점 공략에 주력하였는데, 왕건이 수군을 이끌고 나타나자 전력을 재편하여 반격에 나섰다. 왕건의 전승을 미화하는 관점에서 서술된 사료 E와는 달리 마진군은 열세를 면치 못하였다. 후백제의 선단은 육군의 도움을 받으면서 목포에서 덕진포에 이르기까지 머리와 꼬리를 서로 연결하면서 포진할 정도였다.

당시의 목포는 오늘날의 목포시 일대가 아니라 나주시 영산포 택촌 마을 부근을 가리킨다. 목포는 금강진(錦江津), 금천(錦川) 등으로 불리며 나주의 치소에서 남쪽으로 11리 떨어진 곳에 위치하였다.[39] 이곳은 뱃길이 험하여 선박이 쉽게 통행하기 어려운 수로의 요충지였다.[40]

덕진포는 영산강 하구에서 본류를 따라 올라와 남해포(영암 시종면) 부근에서 그 지류인 삼포강을 거슬러 올라간 영암의 북쪽에 위치한다. 그리고 남해포에서 영산강 본류를 따라 계속 올라가면 나주 영산포에 이른다. 당시 영산포 부근은 여말선초에 활약한 권근(權近)이

> F. 조전(漕轉)은 큰일이니 국가의 경비와 공사의 풍요와 결집이 이에 달려 있다.……나주의 경계에서는 목포의 영산(榮山)을 얻으니 모두 물가의 언덕이 활처럼 구부정하게 둘러있고 또 바다가 활짝 트였다.

---

39) 『新增東國輿地勝覽』 권35, 羅州牧, 山川.

40) 조선시대에 목포 부근에는 영산강유역의 稅穀을 수납하여 조운을 담당한 榮山倉이 위치하였는데, 중종 7년에 수로가 험하여 많은 배가 전복되어 손실이 많아 폐창되었다고 한다(강봉룡, 「나주시의 관방유적」, 『나주시의 문화유적』, 1999, 목포대·나주시, 357쪽).

노공(盧公)이 이에 여러 사람과 상의하기를 "여기에 성을 쌓고 조세를 거둔다면 백성이 실어오는 일을 한 번에 다 마칠 것이요, 바다로 운반하는 데도 배를 성 밑에 대고 져다가 실을 수 있으며 도적이 오더라도 굳게 지키고 이 성을 울타리로 삼는다면 깊이 들어와 도둑질 할 수 없을 것이니 백성에게 편리하고 국가에게도 이로운 것인데 어찌 성을 쌓지 않겠는가?"하니 여러 사람이 기꺼이 명을 들었다.[41]

라고 기술하였듯이, 해수가 유입된 바닷가였다. 견훤은 목포(영산포)에서 덕진포에 이르는 해상의 40~50리에 걸쳐 선단을 배치하였다. 이는 후백제의 선단이 목포에서 덕진포까지 배치된 것을 의미하는 것이 아니라, 영산강의 본류와 지류를 장악한 상태를 과장하여 기술한 것으로 추정된다.

후백제의 전력은 마진의 장수들이 그 위세에 눌려 전의를 상실할 만큼 압도적이었다. 양군의 대결은 좁은 나루를 벗어나 해역이 넓은 몽탄나루와 그 부근의 육상에서 펼쳐졌다.[42] 몽탄나루는 나주에서 서남쪽으로 60리 떨어진 곳에 위치하였다.[43]

견훤은 수군을 이끌고 나주 부근의 포구에서 무안의 몽탄나루까지 내려왔다. 왕건도 선단을 이끌고 덕진포에서 몽탄나루 부근으로 나와

---

41) 權近, 「龍安城漕轉記」, 『陽村集』 권11, 記類.

42) 1928년에 일본해군 수로국이 작성한 『한국연안수로지』에 의하면 영산강하구언이 축조되기 이전에 목포에서 몽탄나루까지는 조수의 영향이 크기 때문에 內海라고 할 만하나 高潮時의 경우에만 그러하였고, 저조시에는 수로의 폭이 겨우 0.5~1㎞에 불과하였다. 썰물 때의 이 수로는 마치 갯골과 같으며 그 주위에는 넓은 갯벌이 드러났으며, 작은 배만 겨우 수로를 통하여 운항할 수 있었다고 한다.

43) 『新增東國輿地勝覽』 권35, 羅州牧, 土産.

몽탄나루 전경 | 현재는 총길이 690m의 몽탄대교가 나루터를 가로질러 놓여 있다.

후백제의 수군을 맞이하였다. 그리하여 양군은 무안군 몽탄면과 나주시 동강면 일대에서 일대 격전을 전개하였다.

몽탄 전투에 대한 자세한 내용은 사료가 남아 있지 않아 잘 알 수 없지만, 관련 설화와 파군교·몽탄나루 등의 지명 유래를 통해 유추할 수 있다. 양군의 전황에 대하여 사료 F는 왕건의 용전분투와 화공작전으로 후백제군을 격퇴한 사실을 전한다.

그러나 몽탄 전투 초반에 승기를 장악한 것은 마진이 아니라 후백제였다. 후백제는 초전에 승리를 거두고 마진군을 압박하여 포위상태로 몰아넣었다. 현지에 전승되는 설화는 왕건이 썰물과 어둠을 이용하여 포위망을 뚫고 나주시 동강면 옥정리 몽송마을을 벗어나 강을 건너 무안군 몽탄면 청송리 방향으로 철군한 사실을 전하고 있다.

무안군 몽탄면 청룡리에 위치한 파군교 전경

왕건이 이끈 마진군은 몽탄해전에서 패배하여 육상으로 상륙한 후 도주하였다. 견훤은 후백제군을 이끌고 마진군을 추격하여 파군천에 이르렀다가 매복작전에 걸려 패배를 당하고 말았다. 현지의 전승에 의하면 왕건이 현몽에 의해 여울을 건넜다고 하여 몽탄강, 그 하류의 전승지를 파군천으로 부르고 있다.[44]

후백제는 몽탄해전에서 승리하여 서전을 승리로 이끌었으나 적군을 추격하는 과정에서 매복에 걸려 패배하고 말았다. 마진은 몽탄나루 부근에서 벌어진 치열한 전투에서 열세를 극복하고 승리하여 나주를 비롯한 서남해지역을 지배하게 되었다.[45] 그 결과 마진은 삼한의 절반

---

44) 무안군, 1994, 『무안군사』, 1078~1080쪽.

45) 한편 후백제가 908년에 벌어진 전투에서 승리하여 마진의 영향력을 배제하고 서남해지역을 차지한 것으로 보는 견해도 없지 않다(鄭淸柱, 1996, 앞의

이상을 차지하게 되었다.[46]

3. 후백제의 반격과 나주성 전투

후백제는 몽탄 전투에서 패배하여 서남해지역을 마진에게 내주고
말았다. 마진은 몽탄 전투에서 승리하여 서남해지역을 장악하였지만,
여러 도서지역에 근거지를 두고 있던 군소 해상세력의 도전을 받게
되었다. 그 중에서 압해도를 근거지로 하여 서남해의 도서를 주름잡고
있던 능창이 대표적인 인물이었다.

능창은 신라의 중앙집권력이 약화되자 신안 압해도를 근거지로 서남
해의 여러 도서를 장악하면서 성장한 인물이었다. 신라는 백제를 병합
한 후 도산현(徒山縣)과 아차산현(阿次山縣)을 뇌산군(牢山郡 : 진도)과
압해군(壓海郡 : 압해도)으로 승격하는 등 서남해의 해로를 보호하고
유지하기 위해 도서지역을 중시하였다.

신라의 대중(對中)교섭은 서해상의 여러 도서를 경유하였는데 흑산
도나 가거도가 그 해로의 중간지대에 위치하였고, 신안의 여러 섬들을

___

책, 152쪽). 이들의 주장에 따르면 후백제는 海路를 이용하여 나주로 진출하
지 않고 고창-영광-함평-무안-목포로 이어지는 서해안 코스를 따라 서
남해지방으로 우회하는 방향을 택하여 나주지역을 장악한 것으로 보고 있다
(姜鳳龍, 2001, 앞의 글, 112쪽). 그러나 이 같은 인식은 재고의 여지가 있다.
왜냐하면 견훤이 후백제의 수군을 이끌고 영산내해를 거쳐 서남해지역의 공
략에 나섰지만, 그 중심지에 해당하는 나주를 차지하지 못하고 대치하고 있
던 상태에서 왕건이 직접 이끌고 내려온 마진의 수군과 일대 격전을 치르게
되었기 때문이다.

46) 『高麗史』 권1, 世家1, 太祖 前文.

거치면서 압해도 부근에 이르러 남과 북의 두 갈래로 나뉘어졌다. 이곳에서 북으로는 서해의 연안을 따라 개경에 이르고, 남으로는 명량(울독목)과 완도·남해를 경유하여 일본에 이른다.[47]

이와 같이 압해도는 해상활동의 요충지로 해상세력이 근거지로 삼을 만한 지정학적 조건을 구비하였다. 마진이 능창을 비롯한 군소 호족을 제압하지 못하면 서남해지역에 대한 지배권 유지는 어려울 수밖에 없었다.

또한 능창이 압해도를 근거지로 삼아 견훤과 연대하여 맞서면서 마진의 서남해지역 통치는 어려움에 봉착하였다. 견훤은 능창을 비롯한 여러 해상세력과 연대하여 마진의 해로를 차단하면서 반격에 나섰다.[48] 능창은 서남해의 도서와 그 연안지방을 중심으로 형성되었던 자신의 세력기반이 마진에 의하여 침해되자 저항을 꾀하였다. 능창은 마진의 왕건이 나주 해상세력과 연대하여 서남해 해상권을 통제하자 후백제와 연대하여 저항하였다. 후백제는 나주지역의 호족들을 견제하고 이들이 해로를 통하여 마진과 연결되는 것을 차단하기 위하여 능창을 후원하였다.

그 반면, 마진은 능창을 제거하고 우호적인 나주를 비롯한 서남해의 해상세력을 보호해야 하였다. 궁예는 능창을 비롯한 적대적인 군소 해상세력을 제압하기 위해 다시 왕건을 서남해지역으로 파견하였다.

그리하여 왕건은 서남해의 도서지방을 주름잡고 있던 능창과 쫓고

---

47) 李海濬, 1995, 「역사적 변천」, 『완도군의 문화유적』, 목포대 박물관, 15쪽.

48) 能昌勢力에 대해서는 독자적인 해상세력(姜鳳龍, 2001, 앞의 글, 102쪽)과 친 견훤적인 성향으로 보는 견해(申虎澈, 1993, 앞의 책, 32쪽)가 있다.

쫓기는 추격전을 벌이게 되었다. 능창은 수달이라고도 불렸는데 그의 행동거지와 참으로 잘 어울리는 표현이었다. 능창은 서남해지역의 패권을 둘러싸고 전개된 견훤과 왕건의 대립 속에서 수달과 같은 생활을 하였다.[49]

능창은 후백제의 후원을 받아 군소 세력들을 자신의 휘하로 끌어들여

A. 드디어 반남현 포구에 이르러 적의 경계에 간첩을 놓았다. 이때에 압해현의 적의 장수 능창은 해도(海島) 출신으로 수전을 잘하여 이름을 수달이라고 하였는데, 도망친 자들을 불러모아 갈초도의 작은 도적들과 서로 결탁하고 태조를 기다려 해치고자 하였다. 태조가 여러 장수들에게 이르기를, "능창이 이미 내가 올 것을 알고 있으니 반드시 섬의 도적과 함께 변란을 꾀할 것이다. 적의 무리가 비록 적지만 만약 힘을 합쳐서 우리의 앞을 막고 뒤를 끊으면 승부를 알 수 없을 것이다. 헤엄을 잘 치는 자 10여 명을 시켜 갑옷을 입고 창을 가지고 가볍고 작은 배를 타고 밤중에 갈초도 나룻가에 가서, 왕래하면서 일을 꾸미는 적을 사로 잡아서 꾀를 저지시켜야 할 것이다" 하니, 여러 장수들이 모두 말을 따랐다. 과연 작은 배 한 척을 잡아보니, 바로 능창이므로 잡아서 궁예에게 보내어 목 베었다. 궁예가 태조를 파진찬 시중으로 임명하고 불러들였다.[50]

---

49) 수달은 형태는 족제비와 비슷하지만 훨씬 크고 수중생활을 하기에 알맞은 동물로 가장 좋아하는 환경은 물이 있는 곳이다. 그리고 야행성이며 낮에는 보금자리에서 쉬며 갑자기 위험 상태에 이르렀을 때에는 물속으로 잠복하며, 외부감각이 발달되어 밤이나 낮이나 잘 보이며 작은 소리도 잘 들을 수 있고 후각으로 물고기의 존재, 천적의 습격을 감지하는 해상 동물이다.

50) 『高麗史』 권1, 世家1, 太祖 前文.

라고 하였듯이, 자신에게 익숙한 지형조건을 활용하면서 마진의 수군이 서남해로 진입할 때 앞뒤를 막고 결전을 벌이고자 하였다.

그러나 능창은 여러 섬의 해상세력들과 긴밀한 연락을 하던 중에 영광 군남면의 갈초도 부근에서 왕건의 수하들에게 사로잡혀 최후를 맞이하고 말았다. 갈초도는 백제시대에는 아로현(阿老縣)으로 불렸는데, 신라가 통일한 후 경덕왕대에 이르러 갈도현(碣島縣)으로 개명되었다.[51]

갈도현은 고려 초에 이르러 육창현(陸昌縣)으로 개명되었는데, 육창현은 영광군 군남면과 그 인근의 부속도서를 관할하였다. 조선시대에는 육창향으로 개편되기도 하였는데, 김정호가 만든 대동여지도에 의하면 육창현은 섬이 아닌 영광군 소속의 내륙에 위치한 것으로 표기되어 있다. 육창현은 갈초도로 불리는 도서지방이 중심지가 되고 그 주변의 여러 섬들을 관할하였는데, 신안군 일대의 비금도·자은도·암태도 등이 해당된다.

능창은 견훤과 연합하여 왕건의 해상진출을 방해하고 있었기 때문에 마진과 타협의 여지가 없었다. 마진이 서남해지역을 안정적으로 유지할 수 있는 관건은 능창의 제거 여부에 달려 있었다. 왕건은 능창을 생포하여 궁예에게 보내 죽음에 처하게 하였는데, 이는 그가 그만큼 중요한 인물이었음을 뜻한다.

궁예는 능창이 서남해지역 통치에 큰 해악을 끼친 암적인 존재였기 때문에 얼굴에 침을 뱉고 처형하는 등 잔인하게 복수하였다.[52] 마진의

---

51) 『三國史記』 권36, 雜志5, 地理3, 武州.

52) 『高麗史』 권1, 世家1, 太祖 前文.

수군은 능창을 제거한 후 비로소 서해와 영산 내해를 거쳐 나주지역으로 자유롭게 왕래할 수 있게 되었다.

후백제는 능창과 연대하여 서남해지역을 장악하려는 계획이 수포로 돌아가고 말았다. 그러나 후백제는 서남해지역을 무대로 하여 전개된 왕건의 군사활동이나 해상세력과의 연대를 결코 방관할 수 없었다. 견훤은 몽탄 전투에서 당한 패전의 치욕을 씻기 위하여 910년에

> B-1. 견훤이 금성이 궁예에게 투항한 것에 노하여 보병과 기병 3천명으로 포위 공격하여 10여 일이 지나도록 포위를 풀지 않았다.[53]
>
> 2. 견훤이 몸소 보병과 기병 3천 명을 이끌고 나주성을 에워싸고 열흘이 지나도록 풀지 않았다. 궁예가 수군을 내어 그들을 습격하자 견훤이 군사를 이끌고 물러갔다.[54]

라고 하였듯이, 몸소 보병과 기병 3천 명을 이끌고 나주성을 공격하였다. 견훤이 공격한 나주성은 후대에 축조된 나주읍성을 가리키는 것이 아니라 금성산성[55]으로 추정된다.

---

53) 『三國史記』 권50, 列傳10, 甄萱.

54) 『三國史記』 권12, 新羅本紀12, 孝恭王 14年.

55) 금성산성은 나주의 진산에 해당하는 해발 451m의 금성산 정상에 위치하며, 정상에 서면 나주의 시가지가 한눈에 펼쳐져 보인다. 또한 그 동쪽으로 펼쳐진 나주평야 너머로 무등산과 영산강의 물길이 잘 조망된다. 금성산성은 삼면이 험준한 곳을 택하여 돌로 축조되었으며 주위가 2,946尺이고 높이가 12尺에 이르렀다(『新增東國輿地勝覽』 권25, 羅州牧, 古跡). 훗날 고려의 현종은 1011년에 거란의 2차 침입을 받아 나주로 몽진을 와서 10일 동안 거처하였는데(『新增東國輿地勝覽』 권25, 羅州牧, 建置沿革), 금성산성으로 들어가 군사들과 함께 머물렀을 가능성이 높다. 그 외에도 삼별초가 진도에 진을 치고 호남을 장악하기 위해 나주를 공격했으나, 관민이 산성에 들어가 저항하

또한 나주지역에 남아 있는 설화에도

C. 왕건과 견훤이 서남해의 패권을 걸고 나주에서 격돌을 벌이던 어느 날 무등산에 진을 치고 있던 견훤군이 쳐들어온다는 소문이 돌자 모두 피난을 가느라 정신이 없었다. 이때 나주의 호족이자 훗날 왕건의 장인인 오다련군이 "곡식은 가지고 가야 굶어죽지 않는다"고 말하자, 고을 사람들이 곡식을 싸들고 금성산으로 피했다. 피난민의 곡식은 나중에 전투가 벌어졌을 때 왕건군의 군량으로 쓰였다.[56]

라고 하였듯이, 견훤이 공략한 나주성은 금성산성이었다. 후삼국시대에 나주의 치소는 현재의 시가지 중심 부근에 위치하였지만, 금성산성은 배후의 입보산성으로 기능하면서 나주성으로 불렸던 것으로 판단된다.

견훤은 전주에서 광주로 내려온 다음 무진주의 병력과 합세하여 나주를 공략하였다. 견훤의 나주성 공격은 몽탄 전투를 전후로 하여 서남해지역의 토착세력이 왕건에게 투항한 것에 대한 보복조치였다. 견훤은 보병과 기병 3천 명을 동원하여 나주성을 10여 일 동안 맹렬히 공격하였다.

궁예는 나주성이 위기에 처하자 수군을 보내 후백제군의 배후를 기습하였다. 이로 말미암아 견훤은 나주성 공격을 포기하고 물러날 수밖에 없었다.

자 7일 동안에 걸친 공격에도 불구하고 빼앗지 못하고 물러나는(『高麗史』 권26, 世家26, 元宗 11年 7月) 등 금성산성은 난공불락의 요충지였다.

56) 나주군지편찬위원회, 1908, 『羅州郡誌』, 나주군.

궁예는 다음 해(911)에 왕건에게 군사를 거느리고 나주지역으로 내려가도록 지시하였다.[57] 왕건의 군사 행동은 후백제의 잦은 군사 행동에 위축된 서남해지역의 호족세력을 마진의 영향력 하에 계속 묶어두기 위한 위무작전에 다름 아니었다.

마진은 후백제의 거듭되는 도전에도 불구하고 왕건의 활약을 통해 서남해지역을 유지할 수 있었다. 왕건이 여러 난관을 헤치고 서남해지역을 장악할 수 있었던 것은 토착 호족집단의 적극적인 도움이 있었기 때문에 가능하였다.

왕건이 서남해지역을 경략하면서 도움을 받은 대표적인 호족세력은 나주 오씨(吳氏)와 영암 최씨(崔氏), 영광 전씨(田氏) 등이었다. 『고려사』에 전하는 왕건과 나주 오씨 장화왕후의 만남에 관한 전승은

> D. 장화왕후 오씨는 나주 사람이었다. 조부는 오부돈(吳富伅)이고, 부친은 다련군(多憐君)이니 대대로 이 주의 목포에서 살았다. 다련군은 사간(沙干) 연위(連位)의 딸 덕교에게 장가 들어 후(后)를 낳았다. 일찍이 후의 꿈에 포구에서 용이 와서 뱃속으로 들어가므로 놀라 꿈을 깨고 이 꿈을 부모에게 이야기하니 부모도 기이하게 여겼다. 얼마 후에 태조가 수군 장군으로서 나주를 진수하였는데, 배를 목포에 정박시키고 시냇물 위를 바라보니 오색구름이 떠 있었다. 가서 본즉 후가 빨래하고 있으므로 태조가 그를 불러서 이성 관계를 맺었는데, 그의 가문이 한미한 탓으로 임신시키지 않으려고 피임방법을 하여 정액을 자리에 배설하였다.
>
> 왕후는 즉시 그것을 흡수하였으므로 드디어 임신이 되어 아들을

---

57) 『三國史記』 권50, 列傳10, 弓裔.

낳았는 데 그가 혜종이다. 그런데 그의 얼굴에 자리 무늬가 있었기 때문에 세상에서는 혜종을 '주름살 임금'이라고 불렀다. 항상 잠을 잘 때에는 물을 부어 두었으며, 또 큰 병에 물을 담아 두고 팔을 씻으며 놀기를 즐겼다 하니 참으로 용의 아들이었다.

나이 일곱살이 되자 태조는 그가 왕위를 계승할 덕성을 가졌음을 알고 있었으나, 어머니의 출신이 미천해서 왕위를 계승하지 못할까 염려하고 낡은 옷 상자에 석류 빛 황포를 덮어 후에게 주었다. 왕후는 이것을 대광 박술희에게 보였더니, 박술희는 태조의 뜻을 알고 왕위 계승자로서 정할 것을 청하였다. 후가 죽으니 시호를 장화왕후라고 하였다.[58]

라고 하였듯이, 일부 내용이 각색되어 있지만 나주지역으로 진출한 왕건이 호족세력과 결합하는 과정을 보여주고 있다.

오씨가문은 대대로 나주의 목포(영산포)에 살면서 해상활동을 통해 부를 축적하였다. 그러나 나주 오씨는 왕건이 측미(側微)한 집안이라 하여 임신을 원치 않았다는 데서 알 수 있듯이 그 세력 규모가 크지 않았던 듯하다. 오씨가문과 왕건은 해상세력 출신이라는 동일한 성격을 갖고 있었기 때문에 쉽게 연결될 수 있었다. 왕건은 서남해지역을 경략하는 과정에서 나주지역의 해상세력과 밀접한 관계를 맺게 되었다.

나주 오씨 외에도 왕건과 깊은 유대관계를 맺은 집단은 영암 최씨와 영광 전씨가 있었다. 영암 최씨 역시 해상활동을 통하여 부를 축적한 후 유력한 호족으로 성장한 가문이었다. 영암은 덕진포라는 좋은 항구

---

58)『高麗史』 권88, 列傳1, 后妃1, 莊和王后吳氏.

를 가지고 있어 대 중국교섭에 유리하였고, 이곳의 해상세력은 대외무역과 영산강유역 토착사회의 역내 교역을 주도하면서 성장하였다. 영암 최씨가 왕건과 관계를 맺은 것은 나주 정벌에 적극적으로 협력하면서 이루어졌다.[59]

영암 최씨의 대표적인 인물은 최지몽(崔知夢)을 들 수 있다. 최지몽은 어려서부터 여러 경서를 섭렵하였으며, 천문과 점복에도 정통한 인물이었다. 최지몽은 18세 때 왕건을 만나 그가 왕위에 오를 것을 예언하였다. 왕건은 전쟁에 나갈 때마다 최지몽을 좌우에 두는 등 각별한 신임을 하였다.[60]

영광 전씨의 대표적인 인물로는 왕건이 후삼국을 통일한 후 개국공신(開國功臣)의 반열에 오른 종회(宗會)[61]가 있었다. 종회는 영광 출신으로 왕건이 서남해지역을 공략할 때 많은 공을 세워 태조공신 운기장군(太祖功臣 雲騎將軍)이 되었다. 그는 궁예가 왕건에게 명하여 정주에서 전함을 수리하여 2,500의 병사를 거느리고 진도를 공격할 때 김언과 함께 부장으로 참전하기도 하였다. 이와 같이 나주 오씨나 영암 최씨, 영광 전씨 등은 왕건이 서남해지역을 경영하는 데 적지 않은 기여를 하였다.

후백제는 서남해지역에서 909~911년 사이에 벌어진 몇 차례의 해전과 육전에서 거듭 패배를 당하였다. 그 결과 서남해지역은 마진의 수중에 완전히 장악되고 광주지역마저 공격받기에 이르렀다. 후백제는

---

59) 鄭淸柱, 1991, 「신라말·고려초의 나주호족」, 『전북사학』 14.

60) 『高麗史』 권92, 列傳5, 崔知夢.

61) 『東文選』 권118, 「故華藏寺住持王師定印大禪師追封靜覺國師碑銘」에 의하면 목종과 현종 대에 활약한 田拱之의 조상이 宗會라고 하였다.

견훤의 사위였던 광주성주 지훤(池萱)이

E. 진성왕 6년 임자(壬子 : 당나라 소종 경복 원년)에 견훤이 무진주를 습격하여 빼앗아 웅거하고 후백제왕이라 일컫다가 드디어 전주로 옮겼다. 견훤 20년 신미(양나라 태조 건화 원년)에 후고구려왕 궁예가 태조를 정기대감으로 삼아서 수군을 거느리고 무진 지경을 공략하여 차지하게 하였는데, 성주 지훤은 바로 견훤이 사위였으므로 견훤과 서로 응하여 굳게 지키고 항복하지 않았다.[62]

라고 하였듯이, 잘 방어하여 왕건이 이끄는 마진군의 공격을 물리쳤다.

후백제는 서남해지역을 차지하기 위하여 912년에 다시 군대를 파견하였다. 견훤은 수군을 보내 덕진포에서 태봉의 수군과 전투를 치르게 하였다.[63] 견훤은 서남해지역 공격이 뜻대로 진행되지 못하고 번번이 수포로 돌아가자 수군을 보내 덕진포를 기습한 것으로 추정된다. 전투의 승패에 대해서는 해당 사료가 남아 있지 않아 자세한 내용은 알 수 없지만, 후백제가 소기의 성과를 거두지 못한 것으로 판단된다.

이는 911년 이래 나주에 주둔해 있던 왕건이 913년에 임무를 마치고 철원으로 돌아간 사실을 통해 추정된다. 궁예는 왕건이 후백제의 수차례에 걸친 공격을 물리쳐 서남해지역 통치가 안정되자 소환한 것으로 판단된다.

궁예는 왕건이 변방에서 여러 차례에 걸쳐 군공을 세우자 관등을 높여 파진찬(波珍粲)으로 임명하고 시중(侍中)을 겸하게 하면서 소환하

---

62) 『世宗實錄』 권151, 地理志, 全羅道 長興都護部, 武珍郡.

63) 『三國史記』 권50, 列傳10, 甄萱.

였다. 궁예는 수군의 일반적인 업무는 부장 김언 등에게 맡겼으나 정벌에 관한 사항은 반드시 왕건에게 품의한 후 실행하도록 하였다.[64]

후백제는 914년에 왕건이 돌아간 틈을 이용하여 다시 서남해지역의 공략에 나섰다. 견훤은 직접 군대를 파견하는 대신에 군소 호족들을 포섭하여 반기를 들도록 사주하였다. 궁예는 김언 등이 서남해지역을 잘 통제하지 못하자 왕건을 다시 내려 보냈다.

왕건은 정주에서 전함 70여 척을 수리하여 군사 2천 명을 싣고 나주에 이르렀다. 왕건이 914년에 나주로 향한 이유는

> F. 백제 사람들과 해상의 좀도둑들이 태조가 다시 온 것을 알고 모두 두려워서 감히 준동하지 못하였다. 태조가 돌아와서 해상의 경제적인 이익과 임기응변할 군사 방책을 보고하니 궁예가 기뻐하여 좌우 신하들에게 "나의 여러 장수 중에서 누가 이 사람과 비길만 하겠는가"라고 하면서 칭찬하였다.[65]

라고 하였듯이, 서남해의 일부 해상세력이 궁예정권의 지배에 반감을 품고 후백제와 연대하였기 때문이다. 왕건이 많은 병력을 이끌고 나주로 내려올 만큼 서남해지역 통치는 위태롭게 되었다.

왕건의 적극적인 노력에 의하여 위기는 해소되었고, 그는 다시 수도로 돌아가 그 성과를 궁예에게 보고하였다.[66] 왕건이 돌아간 후 서남해지역에 대한 통치는 다시 여러 난관에 봉착하였다. 왕건이 떠난 후 서남

---

64) 『高麗史』 권1, 世家1, 太祖 前文.

65) 『高麗史』 권1, 世家1, 太祖 前文.

66) 『高麗史』 권1, 世家1, 太祖 前文.

해지역은

> G. 궁예는 드디어 보병장군 강선힐(康瑄詰), 흑상(黑湘), 김재원(金材瑗)
> 등을 태조의 부장으로 삼았다. 태조는 전함 백여 척을 더 건조하였
> 는데 그 중 큰 배 십여 척은 각각 사방이 16보로 그 위에 다락을
> 세웠고, 거기서 말을 달릴 만하였다. 태조는 군사 3천을 거느리고
> 군량을 싣고 나주로 갔다. 이 해에 남방에 기근이 들어 각지에 도적
> 이 일어나고 위수(衛戍) 병졸들은 모두 나물에 콩을 반쯤 섞어 먹으
> 면서 겨우 지냈다. 태조는 정성을 다하여 그들을 구원하였는데 그
> 덕으로 모두 생존할 수 있었다.[67]

라고 하였듯이, 기근이 만연되어 각지에서 도적이 일어났으며 수비군
으로 남겨진 병졸들은 겨우 나물에 콩을 반쯤 섞어 먹으면서 지낼 정도
였다.

후백제는 궁예정권에 대한 서남해지역의 민심이 악화되자 그 틈을
노려 재차 진출을 시도하였다. 궁예는 상황이 악화되자 왕건에게 군사
3천을 주어 나주로 보내 이반된 민심을 수습하고 지배력의 강화를 도모
하였다. 왕건의 시기적절한 구휼을 통해 서남해지역은 안정을 되찾게
되었다.

이와 같이 후백제의 서남해지역에 대한 공략은 왕건의 분전(奮戰)으
로 말미암아 번번이 실패로 돌아가고 말았다. 그러나 서남해지역을 사
이에 두고 벌어진 양국의 대립 기사는 후삼국을 통일한 왕건의 입장에
서 서술되어 있어 비판적 접근이 필요하다.

---

67) 『高麗史』 권1, 世家1, 太祖 前文.

견훤은 태봉이 차지한 서남해지역을 차지하기 위하여 다양한 활동을 펼쳤는데, 후백제에 우호적인 입장을 견지한 집단은 사료 F와 같이 좀 도둑으로 표현되어 있다. 또한 좀도둑 집단과 연계한 후백제의 군사전략은 해적 행위를 배후 조종한 것에 불과한 것으로 기록되어 있다. 다만 후백제의 수 차례에 걸친 출정과 다양한 노력에도 불구하고 서남해지역은 계속 궁예정권의 지배를 계속 받은 것은 부인할 수 없는 사실이었다.

궁예정권의 서남해지역 통치는 많은 시련과 어려움에도 불구하고 914년에 이르러 왕건이 3천 병력을 이끌고 와서 기민 구휼에 성공한 것을 계기로 안정 단계에 이르렀다. 궁예정권은 서남해지역을 확고히 장악하여 후백제를 배후에서 견제하는 거점으로 활용하였다. 견훤은 광주에서 후백제를 건국하였음에도 불구하고 그 배후에 위치한 서남해지역을 몇 차례에 걸쳐 공격하였으나 끝내 차지하지 못하였다.[68]

---

68) 후백제가 서남해지역을 차지한 것은 15년이 지난 929년에 이루어졌다. 후백제는 928년 11월에 벌어진 공산 전투에서 대승을 거둔 후에 서남해지역을 마침내 점령하게 되었다(『高麗史』권92, 列傳1, 庚黔弼傳).

1. 북진정책 추진과 충남 서부지역 장악

후백제와 태봉은 909~914년에 서남해지역 영유권을 둘러싸고 치열한 공방전을 벌였다. 그 결과 태봉이 승리하여 서남해지역을 확고하게 장악하였으며, 그 후 양국은 한동안 소강상태를 보냈다. 그 와중에 태봉은 궁예정권 말기에 웅주(熊州)를 습격하여 차지하는 성과를 올렸다.[1]

후백제의 영역은 공주와 그 인근지역을 상실하여 궁예가 권좌에서 축출되기 직전에 서해안의 대천−논산−대전−옥천−영동−선산−김천−거창−함양−산청−진주를 연결하는 선으로 줄어들었다. 후백제의 영토가 초창기보다 축소된 이유는 공주지역과 나주를 비롯한 서남해지역을 상실하였기 때문이다.

이 같은 상황은 왕건이 918년에 궁예를 축출하고 고려를 건국하면서 변화가 일어났다. 왕건이 정권을 장악하여 고려를 건국하였지만 중앙과 지방에서 반란과 저항이 연이어 일어나 소용돌이에 휩싸였다. 왕건의 즉위로 끝난 918년의 정변은 궁예 측근들에 의한 친위쿠데타의 성격을 지닌 것이었다.[2]

정변의 주도자와 적극 가담자들은 대부분 마군(馬軍)의 지휘관이었는데,[3] 호족 출신이 아니라 전문적인 군인들이었다.[4] 궁예는 자신의

---

1) 『高麗史節要』 권1, 太祖 元年 6月.

2) 洪承基, 1991, 「고려 태조 왕건의 집권」, 『진단학보』 71 · 72合.

3) 鄭淸柱, 1991, 「신라말 · 고려초 호족연구」, 전북대 대학원 박사학위논문, 144~152쪽.

4) 河炫綱, 1988, 「고려건국의 경위와 그 성격」, 『한국중세사연구』, 일조각, 31~32쪽.

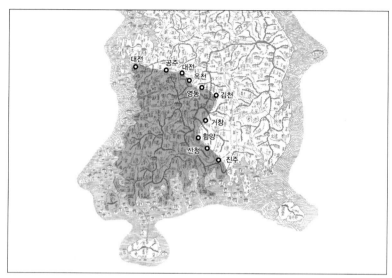

고려 건국 전후의 후백제 영역 | 후백제는 고려 건국 직후의 혼란을 틈타 금강을 넘어 공주지역을 장악하였는데, 그 영역은 대천-논산-대전-영동-선산-김천-거창-함양-산청-진주를 잇는 선을 차지하였다.

측근 중의 일부가 정변을 일으키자 효율적으로 대처하지 못하고 권좌에서 물러나게 되었다.[5]

또한 정변의 주도자들은 환선길(桓宣吉)의 경우와 같이

A. 환선길은 동생 향식(香寔)과 함께 태조를 섬기어 왕조 창업에 공로가 있었다. 태조가 환선길을 마군장군(馬軍將軍)에 임명하고 심복으로 믿으면서 항상 정예군을 영솔하고 대궐에서 숙위(宿衛)하도록 하였다. 그런데 어느날 그의 처가 그에게 말하기를 "당신은 재주와 용력이 남보다 뛰어나며 또 사졸들도 당신에게 복종하고 있습니다. 그리고 큰 공훈도 세웠는데 정권은 남의 수중에 있으니 분한 일이 아닐 수 없습니다"라고 하였다. 환선길은 마음 속으로 그렇게 여기고 은

5) 趙仁成, 1996, 「후삼국의 성립 : 태봉」, 『한국사』 11, 국사편찬위원회, 164쪽.

밀히 병사들과 결탁하여 틈을 엿보아서 반란을 일으키려 하였다. 마군장군 복지겸이 이것을 알고 밀고했으나 태조는 행적이 드러나지 않았다 하여 믿지 않았다. 하루는 태조가 궁전에 좌정하고 학사 몇 사람과 국정을 토의하고 있는데, 환선길이 그의 도당 50여 명과 함께 병기를 가지고 동편 낭하로부터 안뜰로 몰려 들어 곧바로 습격하려 하였으므로 태조가 지팡이를 짚고 일어서서 목소리를 돋구어 꾸짖어 말하기를 "내가 비록 너희들의 힘으로 이 자리에 앉아 있으나 이것이 어찌 하늘의 뜻이 아니랴!"라고 하였다.[6]

라고 하였듯이, 신왕으로 즉위한 왕건의 권위마저 인정하지 않았다.

환선길은 동생 향식과 함께 왕건을 추대한 공을 인정받아 마군장군에 임명되어 정예 군사를 이끌고 궁궐을 숙위한 인물이었다. 그는 왕건이 즉위한 지 4일 만에 반란을 꾀하였다 실패하여 위사에게 잡혀 죽었다.[7] 또한 환선길과 친척관계에 있던 마군대장군(馬軍大將軍) 이흔암(伊昕巖)도 모반을 꾀하다가 발각되어 주살되었다.[8]

이흔암은 궁예정권 말기에 웅주를 습취(襲取)하여 주둔하고 있었는데, 왕건이 태봉을 무너뜨리고 고려를 세우자 철원으로 올라왔다. 이흔암은 철원으로 올라온 후 수의형대(守義刑臺)라는 관직에 임명되었다. 이는 이흔암이 환선길과 마찬가지로 왕건을 도와 궁예정권을 무너뜨리는 과정에서 모종의 역할을 수행한 사실을 반영한다.

이흔암은 자신과 인척관계에 있던 환선길이 왕건의 주살에 실패한

---

6) 『高麗史』 권127, 叛逆1, 桓宣吉.

7) 『高麗史』 권127, 叛逆1, 桓宣吉.

8) 『高麗史』 권127, 叛逆1, 伊昕巖.

후 살해되자 신변의 위협을 느끼게 되었다. 이흔암은 그의 부인이 환씨인 것으로 볼 때 환선길 가문이 처가였을 가능성이 높다. 이흔암은 환선길이 주살된 후 신변의 위협을 느끼고 모반을 준비하는 과정에서 염장(閻萇)의 밀고로 발각되어 주살되고 말았다.9)

이들의 반란을 반왕건·친궁예적(反王建·親弓裔的)인 성격으로 보는 견해도 없지 않지만,10) 그보다는 왕건의 즉위에 큰 공을 세웠는데도 불구하고 논공행상에서 적절한 대우를 받지 못하자 불만을 품고 난을 일으킨 것으로 판단된다. 이들의 반란 외에 지방에서도 왕건의 정권 장악과 즉위에 맞서 저항이 잇따랐다.

왕건의 즉위를 부정하여 반란이 일어난 곳은 주로 친궁예적인 성향이 강한 지역이 중심이 되었다. 왕건이 궁예를 축출하고 고려를 건국하자 중부지역의 호족세력은 반감을 품게 되었는데, 그 중에서 대표적인 곳은 청주였다. 청주는 일찍부터 궁예 지지 성향이 강한 지역이었으며, 궁예가 철원으로 수도를 정할 때 1천 호를 옮겨 통치기반으로 삼을 정도였다.11)

청주 출신들은 궁예정권에서 핵심 요직에서 활약하였기 때문에 왕건의 즉위에 크게 반발하였다. 그 대표적인 사건으로 순군리(徇軍吏) 임춘길(林春吉)의 반란과 청주수(淸州帥) 진선(陳瑄)·선장(宣長) 형제의 모반사건을 들 수 있다. 임춘길은 청주 출신으로 국왕을 호위하는 순군(徇軍)의 관리로 있었는데 청주 출신의 배총규(裵悤規), 계천 출신의 강길

---

9) 『高麗史』권1, 太祖 元年 6月 辛酉.

10) 鄭淸柱, 1986, 「궁예와 호족세력」, 『全北史學』10, 25쪽.

11) 『三國史記』권50, 列傳10, 弓裔.

(康吉)·아차귀(阿次貴), 매곡(昧谷) 출신의 경종(景琮) 등과 더불어 거사를 계획하였다.

임춘길과 함께 거사를 준비한 사람들은 청주와 그 인근지역 출신이 중심이 되었다. 이들의 모반은 환선길이 일으킨 반란과는 달리 반왕건·친궁예적인 성격이 강하였다. 그러나 이들의 거사는 사전에 발각되어

> B. 9월에 마군장군 복지겸(卜智謙)이 아뢰기를 "순군리 임춘길이 그 고을 청주인 배총규와 계천인 강길·아차귀와 매곡인 경종과 함께 반역을 모의했읍니다" 하므로, 왕이 사람을 시켜 잡아서 신문하니 모두 자백하였으므로 명하여 그들의 목을 베게 하였으나 총규 만은 도망하였다.12)

라고 하였듯이, 임춘길은 비롯한 대부분의 주모자들이 사형에 처해졌다. 그 후에도 궁예를 추종한 청주지역 호족들의 왕건에 대한 저항은 지속적으로 일어났다. 청주수 파진찬 진선은 그의 아우 선장과 함께 반역을 꾀하다가 죽음을 당하기도 하였다.13)

한편 철원에 머물고 있던 청주 출신 관료들도 왕건의 측근들에 의하여 심한 견제를 받았다. 이들은 청주 출신이라는 이유 만으로 견제와 감시의 대상이 되었다. 또한 청주 출신들은 군대의 운영과 직결되는 부서에서 배제되는 경우도 있었다. 왕건의 최측근 인물들인 배현경과 신숭겸 등은 청주 출신의 현율(玄律)이 순군부의 낭중(郎中)으로 임명되

---

12)『高麗史節要』권1, 太祖 元年 9月.

13)『高麗史節要』권1, 太祖 元年 10月.

자

C. 청주사람 현율(玄律)로 순군낭중(徇軍郎中)을 삼으니 마군장군 현경
   (玄慶)·숭겸(崇謙) 등이 말하기를, "지난번에 임춘길이 순군리가 되
   어 반역을 꾀하다가 일이 누설되어 죽음을 당하였는데 이것은 곧
   병권을 맡고 청주를 후원으로 믿었기 때문입니다. 이제 또 현율로
   순군낭중을 삼으니 신 등은 의아하게 여깁니다" 하니 왕이 "옳다" 하
   고 곧 병부낭중(兵部郎中)으로 고쳐 임명하였다.[14]

라고 하였듯이, 그에 반대하여 임명을 철회하도록 압력을 행사하였다.
그리하여 현율은 성곽을 축조하는 등의 주로 행정적인 업무를 담당하
는 병부낭중으로 보직이 바뀌었다. 현율은 차별을 받아 국왕의 호위
및 친위군의 운영과 관련된 순군 낭중에 임명되지 못하고 행정적인
업무에 종사하게 된 것이다.

청주는 신라시대의 서원경(西原京)으로 문화와 정치의 중심지이자
강력한 호족세력이 존재하였다.[15] 왕건이 즉위한 다음 달에 청주영군
장군(淸州領軍將軍) 견금(堅金)이 찾아와

D. 청주의 영군장군 견금과 부장 연익(連翌)·홍현(興鉉)이 와서 뵈오
   니, 각기 말 한 필을 내려 주고 능백(綾帛)을 차등 있게 주었다. 처음
   에 왕이 청주 사람이 변사(變詐)가 많음으로써 일찍 대비하지 않으
   면 반드시 후회가 있을 것이라 하여, 그 고을 사람 능달(能達)·문식

---

14) 『高麗史節要』 권1, 太祖 元年 9月.

15) 申虎澈, 2001, 「후삼국 건국세력과 청주 지방세력」, 『신라 서원소경 연구』,
    서경문화사, 247~290쪽.

(文植)·명길(明吉) 등을 보내어 가서 탐지하게 하였다. 능달이 돌아 와서 아뢰기를, "다른 마음은 없습니다" 하였다. 문식과 명길이 그 고을 사람 김근겸(金勤謙)과 관준(寬駿)에게 가만히 말하기를, "능달 은 비록 다른 마음이 없다고 아뢰었지마는 새 곡식이 익으면 변란이 있을까 염려된다" 하였다. 이때에 와서 견금 등이 말하기를, "본 고을 사람이 근겸·관준·김언규(金言規) 등 서울에 있는 사람과 마음이 다르니, 이 두서너 사람만 제거하면 근심이 없을 것입니다" 하였다. 왕은 이르기를, "내 뜻은 죽이는 것을 그치게 하는데 있으니 죄가 있는 사람도 오히려 이를 용서하는데, 하물며, 저들 두 서너 사람은 모두 힘을 써서 의거를 도운 공이 있으니, 한 고을을 얻으려 고 하여 충성하고 어진 사람을 죽이는 일은 나는 할 수 없다."하니, 견금 등이 부끄럽고 두려워서 물러 나갔다. 근겸과 언규 등이 이 말을 듣고 아뢰기를, "일전에 능달이 다시 '청주 사람이 다른 마음이 없다'고 아뢰므로, 신 등은 진실로 그렇지 않다고 했사오니, 이제 견금 등의 말하는 것을 보면, 그들이 다른 마음이 없다고 보장할 수 없습니다. 청컨대, 그들을 머물러 두어 그 동태를 보아야 할 것입 니다" 하니, 왕이 그 말을 따랐다. 조금 후에 견금에게 이르기를, "지금 너의 말한 바를 비록 따르지는 않지마는, 너의 충성을 깊이 가상히 여기니 일찍 돌아가서 여러 사람을 안정시키라" 하였다. 견 금 등이 아뢰기를, "신등이 외람되게 이해(利害)를 진술한 것이 도리 어 무고와 참소 같았는데도 죄를 주지 않으시니 은혜가 이보다 큰 것이 없습니다. 고향에 돌아가 후에는 성심으로 나라를 돕기로 맹세 하겠습니다. 그러나 한 고을의 사람도 사람마다 각기 제 마음이 있 으니, 만약 난을 일으키는 자가 있으면 제어하기 어려울 것으로 염 려됩니다. 청컨대, 관군을 보내어 성원하여 주시기 바랍니다"하였 다. 왕이 그렇게 여겨 마군장군 홍유(洪儒)·유금필(庾黔弼) 등을 보

내 군사 1천5백 명을 거느리고 진주(鎭州)에 주둔하여 대비하게 하였다.[16]

라고 하였듯이, 군대의 파견을 요청할 정도로 청주는 불안한 상태에 놓여 있었다. 왕건은 홍유와 유검필로 하여금 병사 1,500명을 거느리고 진주(鎭州 : 충북 진천)에 주둔하여 청주인의 모반에 대비하도록 하였다.

왕건은 청주 출신의 중앙 관리와 현지에 남아 있는 호족들이 잇따라 반란을 일으키자 진천의 임씨세력에게 도움을 요청하였다. 진천은 청주−보은을 거쳐 호남으로 연결되는 군사와 교통의 요충지에 위치하였다. 이곳의 호족들은 청주 호족들과는 상반된 태도를 보였다. 진천 임씨 가문은 왕건을 강력하게 지지하여 고려의 건국과 왕권 안정에 기여하였다.[17] 왕건은 임씨가문의 지지를 받아 진천을 청주 호족들을 제압하는 군사 거점으로 활용하였다.[18]

청주의 호족 중에서 고려를 등지고 후백제와 연결을 꾀하는 무리도 생겨났다. 청주와 인접한 도안군(道安郡 : 괴산군 도안면)에서는

---

16) 『高麗史』 권92, 列傳5, 王順式傳附 堅金.

17) 이는 王建이 즉위한 지 6일 만에 단행한 官部 관리의 人事를 통해 알 수 있다. 인사 내용은 10명의 장관(令)과 14명의 차관(卿) 등 총 31명의 명단이 발표되었는데, 徇軍部令에 임명된 韓粲 林明弼을 비롯하여 兵部令에 임명된 波珍粲 林曦와 廣評侍郎에 임명된 閼粲 林積璵, 都航司卿에 임명된 林湘煖, 廣評郎中에 임명된 林寔 등이 진천 임씨이다. 또한 명필의 딸은 왕건과 혼인을 맺어 肅穆夫人이 되었고, 임희의 딸은 혜종과 혼인하여 義和王后가 되는 등 진천 임씨는 고려왕실과 밀접한 관계를 유지하였다.

18) 申虎澈, 1997, 「高麗의 建國과 鎭州 林氏의 역할」, 『중원문화논총』 1, 충북대 중원문화연구소.

E. 이 후에 도안군에서 아뢰기를, "청주에서 비밀히 후백제와 서로 화호(和好)를 통하며 장차 반역하려 합니다"하므로, 왕이 마군장군 능식(能式)을 보내어 군사를 거느리고 진무(鎭撫)하게 하니, 이로 말미암아 반역하지 못하였다.[19]

라고 하였듯이, 청주의 호족들이 후백제와 결탁하여 반란을 도모하고 있다는 급보를 왕건에게 올렸다. 왕건은 마군장군 능식을 보내 병사를 거느리고 진무케 하니 청주의 호족세력은 더 이상 반란을 일으키지 못하였다.

왕건의 즉위 이후 청주를 비롯하여 여러 지역에서 동일한 상황이 발생하고 있었다. 견훤은 고려가 내분과 반란의 소용돌이로 빠져들자 그 틈을 이용하여 실리를 추구하였다. 견훤은 사료 E와 같이 왕건에 저항하는 청주의 호족들을 포섭하여 영역확대를 도모하였다.

그러나 후백제의 청주지역 진출은 왕건의 적절한 조치로 말미암아 성과를 거두지 못하고 실패로 끝났다. 견훤은 청주는 차지하지 못하였지만 인접한 청원군 문의면 일대와 충남 연기군의 일부 지역까지 진출하였다.[20] 후백제가 이들 지역을 장악한 것은 매곡성 출신 경종이 반란을 도모하다가 발각되어 주살된 이후였다.

---

19) 『高麗史』 권92, 列傳5, 王順式傳附 堅金傳.

20) 『高麗史節要』 권1, 太祖 8年 10月 조에는 고려의 유금필이 925년에 후백제가 차지하고 있던 연산진을 공격한 사료가 남아 있다. 燕山鎭은 『三國史記』 열전 견훤조에는 燕山郡으로 기록되어 있다. 이곳은 원래 백제의 一牟山郡이었는데 신라의 통일 후 경덕왕대에 이르러 연산군으로 개명하였으며, 영현으로 燕岐縣과 昧谷縣을 두었다. 또한 연산진은 문의면에 위치한 양성산성일 가능성이 높다. 후백제는 청주의 중심지역은 차지하지 못하였지만, 그 남쪽에 위치한 문의면 일대까지 장악한 것으로 판단된다.

궁예정권의 말기에 경종의 출신지인 매곡지역은 태봉의 지배 하에 있었다. 후백제가 매곡지역을 차지한 것은

F. 청주 사람 현율이 왕에게 말하기를 "경종의 누이가 바로 매곡 성주 공직(龔直)의 처입니다. 그 성은 대단히 견고해서 함락시키기 곤란하고 또한 적국과 경계를 접하고 있습니다. 만약 경종을 죽이면 공직이 반드시 배반할 것이니 용서해서 회유하는 것이 좋겠습니다"라고 하였다.[21]

라고 하였듯이, 고려의 건국 직후에 이루어졌다. 공직을 비롯한 매곡지역의 사람들은 경종이 임춘길과 함께 일으킨 모반이 실패로 끝나자 위협을 느끼고 후백제에 복속한 것으로 추정된다. 왕건은 여러 지역에 거주하고 있던 호족들이 동요하자

G. 8월 기유일에 여러 신하들에게 다음과 같이 타일렀다. "각 지방의 도적들이 내가 처음으로, 왕위에 올랐다는 말을 듣고 혹 변방에서 화변을 일으킬 것이 염려되니 전권 사절들을 파견하여 선물을 많이 주고 말을 겸손하게 하여 조정의 그들에게 은혜를 베푸는 뜻을 보이도록 하라." 이렇게 실행하였더니 귀순하는 자가 과연 많았다.[22]

라고 하였듯이, 중폐비사(重幣卑辭)를 통하여 민심 확보에 주력하였다. 그럼에도 불구하고 금강 이북에 위치한 웅주(熊州)와 운주(運州)를 비롯

---

21) 『高麗史』 권127, 叛逆1, 桓宣吉.

22) 『高麗史』 世家1, 太祖 2年, 秋8月.

한 10여 주현의 호족들은 고려의 지배를 거부하고 후백제에 복속을 청하였다.[23]

이들 지역은 웅주(공주)와 운주(홍성)를 비롯하여 부여·서천·보령·청양·조치원 등의 충남 서남지역으로 판단된다. 공주와 운주를 비롯한 금강 이북지역의 호족들이 후백제에 복속을 청한 것은 환선길과 이흔암의 모반사건이 실패하고 두 달이 지난 918년 8월에 이루어졌다. 환선길 등이 주도한 두 차례에 걸친 모반사건이 실패로 끝나고 그 주모자들이 주살된 후 공주의 호족들은 후백제에 투항하였다.

궁예가 공주지역을 장악한 것은 태봉 말기에 이르러서였다. 궁예는 공주를 점령한 후 심복인 이흔암을 주둔시켜 후백제의 반격에 맞서게 하였다.[24] 이흔암은 철원으로 돌아가지 않고 공주에 머물면서 방어에 만전을 기하였다. 그러나 이흔암은 왕건이 태봉을 무너뜨리고 고려를 건국하자 임지를 무단으로 이탈하여 철원으로 올라와 반역을 도모하려다가 발각되어 주살되기에 이르렀다.

후백제는 이흔암이 임지를 이탈하면서 병졸들이 흩어지자 웅주를 차지하게 되었다. 후백제는 왕건이 궁예정권을 무너뜨린 과정에서 호족들의 이반이 가속화 되는 틈을 타서 옛 백제지역에 속하였던 상당한 지역을 차지하였다. 이들 지역의 호족들은 왕건이 궁예를 제거하고 태봉이라는 국호를 버리고 '고구려주의'를 표방하는 '고려'를 채택하자, 본래의 소속이라 할 수 있는 후백제를 다시 지지한 것으로 추정된다.[25]

---

23) 『高麗史節要』 권1, 太祖 元年.

24) 『高麗史』 권127, 叛逆1, 伊昕巖.

25) 이재범, 1992, 「후삼국시대 궁예정권의 연구」, 성균관대 박사학위논문.

후백제는 고려 건국 전후의 혼란을 틈타 공주를 비롯한 웅주지역 장악에 그치지 않고 북상하여 홍성을 치소로 하는 운주마저 점령하였다. 후백제가 북상하여 웅주와 운주를 차지하자 고려는 전(前)시중 김행도(金行濤)를 동남도초토사지아주제군사(東南道招討使知牙州諸軍事)로 삼아 아주(牙州 : 아산)로 파견하는 등 대책 마련에 나섰다.[26]

후백제는 고려군의 저지를 받아 아산과 서산 및 천안 일대까지 올라가지 못하고 그 이남지역을 장악하는 데 그쳤다. 다만 후백제는 예산 일대까지 진출하여 임존성을 장악하게 되었다.[27] 후백제는 고려의 내분을 틈타 예산과 조치원 및 연기-보은-청원 문의를 잇는 선까지 북상하였다.

후백제의 북진에 맞서 왕건은 김행도를 아산으로 보내 후백제의 북상을 저지하였으며, 919년 8월에는 직접 청주로 순행하였다. 왕건은 청주 사람들이 다른 마음을 품어 유언비어가 횡행하자 친히 와서 위무한 후 성을 쌓고 돌아갔다.[28]

또한 왕건은 오산성(烏山城)을 예산현(禮山縣)으로 이름을 바꾸었고, 대상(大相) 애선(哀宣)과 홍유(洪儒)를 보내 유민 5백여 호를 편안히 살도록 조처하였다.[29] 왕건은 고려 건국 후 일어난 잦은 반란을 진압하고 중폐비사를 통해 지방호족의 이탈을 차단하여 청주-천안-온양-예

---

26) 牙州의 治所는 陰峰縣에 위치하였는데, 백제 때에는 牙述縣으로 불리던 곳으로 아산시 음봉면 일대에 해당된다.

27) 이는 925년에 고려의 유금필이 임존성을 함락하면서 3천여 인을 살상한 사실(『高麗史節要』 권1, 太祖 8年 10月)을 통해 입증된다.

28) 『高麗史』 권1, 世家1, 元年 9月.

29) 『高麗史節要』 권1, 太祖 元年 9月.

산을 연결하는 영역을 유지할 수 있었다.

후백제는 왕건의 즉위 과정에서 빚어진 고려 정국의 혼란을 틈타 북진정책을 추진하여 넓은 영토를 차지하였다. 그렇지만, 아직 후백제와 고려가 전면적인 무력 대결을 펼친 것은 아니었다.

견훤은 왕건이 즉위한 직후에 일길찬(一吉粲) 민합(閔郃)을 보내어 즉위를 축하하였으며, 왕건도 대중전(大中殿)에서 사절을 맞이하여 축하를 받고 후한 예로 대접하여 보냈다.[30] 후백제는 고려가 전력을 재편하여 반격에 나서자 확전을 피하였다. 고려 역시 더 이상의 교전을 피하면서 북방지역의 위무와 축성에 주력하였다.[31]

2. 대야성 점령과 낙동강 하류지역 진출

양국 사이에 본격적인 대립관계가 펼쳐진 것은 후백제가 합천의 대야성을 공격하는 등 경남 서부지역으로 진출하면서부터였다. 후백제는 충청지역의 승세를 타고 경남 내륙지역 진출을 도모하였다. 후백제가 920년 10월에 대야성 공격에 나선 까닭은 그 해 2월에 강주장군(康州將軍) 윤웅(閏雄)이 고려에 항복[32]하였기 때문이다.

고려는 윤웅의 복속을 받아들여 경남의 서남부 해안지역을 차지하게

---

30) 『高麗史節要』 권1, 太祖 元年 8月.

31) 왕건은 918년 9월에 평양을 정비하여 대도호부로 삼아 그의 從弟인 王式廉을 파견하였으며, 10월에는 평양과 龍岡縣에 축성하였다. 또한 유금필을 파견하여 鶻巖城을 안정시켰으며, 咸從과 安北에도 축성하는 등 북방의 방비에 주력하였다(『高麗史節要』 권1, 太祖 2年 10月).

32) 『三國史記』 권12, 新羅本紀12, 景明王 4年.

되었다. 윤웅은 강주(진주)를 비롯한 주변 해안지역을 장악하고 있던 호족이었다. 그는 고려에 귀부한 후 아들 일강(一康)을 송악으로 보내 인질로 삼게 하였다. 왕건은 일강이 송악으로 오자 아찬의 관등을 주고 행훈(行訓)의 누이동생과 혼인을 시켰다. 또한 왕건은 춘양(春讓)을 강주에 보내 윤웅의 귀순을 위로하였다.[33]

후백제는 경남 서부지역의 함양·거창·산청 등의 내륙지역은 장악하고 있었으나, 진주 등의 해안지역은 강주장군 윤웅이 고려에 귀부하면서 상실하고 말았다. 후백제는 강주장군 윤웅이 고려에 복속하여 경남 서부지역의 지배가 흔들리자 대야성 공격을 추진하였다.

이에 앞서 고려는 건국 직후에 해당되는 918년 7월에 아자개의 항복[34]을 받아들여 상주와 그 인근의 문경, 점촌 등의 경북 서북지역을 장악하였다. 후백제는 궁예의 축출을 전후하여 조성된 혼란을 틈타 충청지역의 역토 확장에 성공하여 예산-조치원-연기-청원 문의를 연결하는 선까지 진출하였지만, 경상지역에서는 상주와 진주 등을 상실하였다. 그 외에도 신라가 경명왕 4년(920) 정월에 고려와 수교하여 우호관계를 맺는 등 경상지역의 전황이 불리해지고 있었다.[35]

견훤은 경상지역에서 초래된 열세를 만회하기 위하여 군사작전에 나서게 되었다. 견훤은 대야성을 공격하기 직전에 아찬(阿粲) 공달(功達)을 보내 지리산 죽전(竹箭)과 공작선(孔雀扇)을 선물[36]하는 등 고려

---

33) 『高麗史』 권1, 世家1, 太祖 3年.

34) 『三國史記』 권12, 新羅本紀12, 景明王 2年.

35) 『三國史記』 권12, 新羅本紀12, 景明王 4年.

36) 『高麗史』 권1, 世家1, 3年 9月.

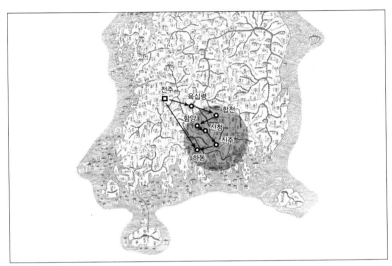

후백제의 대야성 함락과 주변지역 장악 | 후백제는 920년 육십령을 넘어 합천에 위치한 대야성을 함락한 후 그 주변지역에 위치한 함양. 거창. 하동. 진주 등을 장악하였다.

의 견제를 약화시켰다. 견훤은 고려의 견제를 이완시킨 후 920년 10월에 보병과 기병 1만 명을 거느리고 직접 출전하여 대야성을 함락시켰다.[37)

후백제의 대야성 공격은 전주에서 출발하여 임실을 거쳐 장수에서 육십령을 넘었거나 아니면 남원에서 팔령치를 넘어 함양을 통과하여 합천에 이른 것으로 판단된다. 후백제는 대야성을 함락한 후에 그 여세를 몰아 구사(仇史 : 합천 초계 또는 창원)를 점령하고 진례(進禮 : 김해시 진례면)까지 진격하였다.

후백제는 고려에 복속을 청한 강주(진주)와 그 인근의 해안지역은 놓아두고 합천－창원－김해 방향으로 진격하면서 신라의 영역을 잠식에 들어갔다. 후백제는 고려의 영향력이 미치는 지역을 공격하여 초래

---

37)『三國史記』권12, 新羅本紀12, 景明王 4年.

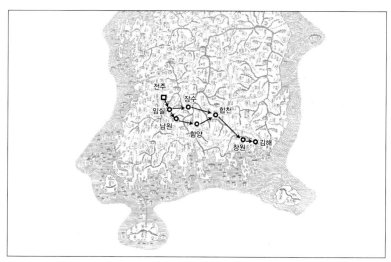

후백제의 낙동강 하류지역 진출로 | 후백제는 장수 또는 남원에서 소백산맥을 넘은 후 합천의 대야성을 함락하였다. 후백제는 대야성을 함락한 후 낙동강 하류지역 진출을 도모하여 창원과 김해까지 이르렀다.

될 수 있는 갈등을 피하면서 신라 영역으로 진출하였다.

후백제는 진례 등의 낙동강 하류지역을 차지하여 진주지역 등의 상실로 초래된 경남지역 해상활동의 거점을 확보하려고 하였다. 김해지역은 신라의 영향력이 미치고 있었지만 해상활동을 통해 세력기반을 확대한 소율희의 실질적인 지배에 놓여 있었다.[38] 소율희는 김해 외에도 인접한 마산과 창원 등에 영향력을 행사하였다.

이는 창원 봉림동에 위치한 선종 9산문의 하나인 봉림사가 김해 호족의 후원을 받은 사실을 통해 입증된다.[39] 신라 말기에 이르러 호족세력

---

38) 경북 봉화(현재의 안동시 도산면 태자리)에 위치한 太子寺 朗空大師 白月栖
雲塔碑文에는 효공왕 11년(907) 당시의 김해지방의 최고 지배자는 소충자였
고, 그 아우 소율희는 제2인자로 진례산성에 성주로 있다가 소충자가 물러
난 후 최고 지배자가 되었다는 기록이 남아 있다.

39) 이에 대해서는 다음의 글을 참조하기 바란다. 朴相圭, 1995, 「昌原 鳳林寺의

중에서 선승들을 후원하여 독자적인 선문을 개창한 인물들이 적지 않았다. 이들은 경제적 후원 외에도 여러 가지의 편의를 제공하여 선문의 개창을 후원하였다. 김해의 소율희도 창원에 위치한 봉림사에 상당한 후원을 하였던 것이다.

후백제는 김해를 장악하여 신라의 영향력을 배제하고, 고려가 진주를 거점으로 삼아 경남 서남부지역에서 펼치는 해상활동을 견제하려고 하였다. 그런데 진주와 그 인근의 해상세력은 왕봉규(王逢規)가 927년에 후당(後唐)에 사절을 파견한 것으로 볼 때, 고려의 지배에도 불구하고 독자적인 대외교섭을 전개하였다.[40]

진주와 김해 등의 해상세력들은 후삼국의 정립 속에서 독자적인 대외교섭을 벌였다. 이들은 후백제에 대해서는 대립관계를 취했으나 고려와는 우호관계를 유지하였다. 또한 진주의 해상세력은 왕건의 지배를 받았고, 김해의 해상세력은 신라의 영향력 하에 있었다.

신라의 경명왕은 후백제가 대야성을 함락한 데 이어 구사(仇史)를 거쳐 진례(進禮)에 이르자 아찬 김률(金律)을 고려에 파견하여 구원을 요청하였다. 견훤은 신라의 구원 요청을 받고 왕건이 군대를 파병하자 낙동강 하류지역에서 더 이상 머무르지 않고 철군을 단행하였다.[41]

견훤은 진주와 김해의 해상세력이 고려와 연결되는 것을 차단하지

　　　傳說과 由來」, 『慶南鄕土史論叢』Ⅳ, 慶南鄕土史硏究協議會 ; 배상현, 2004,
　　　「眞鏡 審希의 활동과 鳳林山門」, 『史學硏究』 74, 韓國史學會.

40) 왕봉규는 927년에 이르러 權知康州事를 자칭하면서 後唐의 明宗에 사절을
　　파견하여 懷化大將軍에 임명되었고, 4월에는 林彦을 파견하여 조공하였다
　　(『三國史記』 권12, 新羅本紀12, 景明王 6年).

41) 『高麗史節要』 권1, 太祖 元年 冬十月.

못하고 물러나고 말았다. 이로써 나주를 비롯한 전남의 서남해지역과 진주에서 김해로 이어지는 경남 서남부 해안지역은 고려 수군의 활동 무대가 되었다. 다만 순천과 광양 일대의 해안지역에 적지 않은 규모의 후백제 선단이 머물렀다.[42] 후백제와 고려는 대야성 전투 이후 불화가 심화되었으며, 양국은 직접 대결을 피하고 각기 영토 확장을 추구하던 상태에서 벗어나 전면전 양상으로 치닫게 되었다. 후백제는 고려의 신라 구원을 양국의 군사연대로 파악하여, 신라에 대한 무차별적인 공격에 나서기 시작하였다. 각지의 호족들은 고려와 후백제 사이에서 자신들의 이익과 편의에 따라 귀부하는 자들이 속출하였다.[43]

그러나 양국이 곧바로 전쟁을 개시하여 임전상황에 이른 것은 아니었다. 양국은 한동안 소강상태를 유지하면서 결전의 순간을 기다렸다. 후백제는 대야성 함락 이후 924년 7월에 조물성을 공격할 때까지 거의 4년 동안 고려를 대상으로 군사작전을 전개하지 않았다.

---

42) 후삼국시대에 있어서 순천만과 광양만 일대의 지정학적 조건과 해상활동 등에 대해서는 다음의 글을 참조하기 바란다(李道學, 2006, 「신라말 견훤의 세력형성과 교역」, 『신라문화』 28).

43) 崔根泳, 1993, 『통일신라시대의 지방세력연구』, 신서원, 106~107쪽.

제5장
조물성 전투와 후삼국의 정세변화

1. 후백제의 동진정책 좌절과 조물성 전투

왕건이 즉위한 후 일부 국지전을 제외하고 후백제와 고려 양국 사이에 전면전은 일어나지 않고 있었다. 후백제는 금강을 넘어 예산과 조치원 및 연기 이남지역을 차지하였고, 대야성을 함락한 후 낙동강 하류지역으로 진출하는 등 팽창정책을 펼쳤지만 고려와 본격적인 무력충돌을 벌이지는 않았다.

고려 역시 후백제와 정면 대결을 피하면서 건국 후에 초래된 국정 혼란을 수습하고 전력을 정비하는 데 주력하였다. 그 과정에서 고려는 후백제의 북진(北進)을 차단하였고, 대야성 함락 후 창원과 김해지역 진출을 시도하는 후백제의 동진(東進)을 신라의 구원 요청을 받고 저지하였다.

고려가 후백제의 동진정책을 신라와 연대하여 저지하자 경북지역의 호족들은 왕건에 호의를 보이기 시작하였다. 경북지역의 호족들은 대야성 전투 이후 정국의 추이를 관망하였을 뿐 별다른 움직임을 보이지 않았다. 이들은 922년에 이르러 적극적인 행보를 시작하여 고려에 귀부하기 시작하였다.

경북지역에서 가장 먼저 고려에 복속을 요청한 집단은 안동과 청송 일대의 호족이었다. 하지현(下枝縣) 출신의 원봉(元逢)과 진보(眞寶)의 호족 홍술(洪述)이 922년에 고려에 귀부하였다.[1] 하지현은 안동시 풍산면에 위치하였고, 진보현은 청송군 진보면 일대를 관할하였다.

그 다음해에는 명지성(命旨城)의 성달(城達)과 경산부(京山府)의 양

---

1)『三國史記』권12, 新羅本紀12, 景明王 6年.

문(良文) 등이 연이어 고려에 복속하였다.[2] 명지성은 위치 미상이며, 경산부는 경북 성주 월항면 일대에 위치하였다.[3] 왕건은 성주의 호족 양문이 생질 규환(圭煥)을 보내 복속을 청하자, 그에게 원윤(元尹)의 품계를 주었다.[4] 양문은 자신의 호족으로서 세력기반을 유지한 채 인질을 보내 복속을 청하여 고려의 품계를 받게 되었다.

견훤은 안동과 청송, 성주 등 경북 내륙지역의 호족들이 고려에 연이어 투항하자 위기의식을 느끼게 되었다. 또한 신라도 후백제와는 적대적인 상태에 있었지만, 고려와는 우호관계를 유지하고 있었다. 신라와 고려는 920년 봄 정월에 신라가 처음으로 사신을 파견하여 교빙관계를 맺게 되었다.[5]

이 무렵 후백제는 낙동강 중류의 서쪽에 위치한 김천과 선산 일대를 차지하였다. 그 외에도 후백제는 선산에서 낙동강을 건너 의성을 장악하고 있었다. 또한 후백제는 함양, 산청, 합천을 비롯한 경남 서부지역의 대부분을 차지하였다. 그 반면에 고려는 상주와 문경, 예천 등 낙동강 상류의 서쪽지역과 진주를 비롯한 남해안지역을 차지하고 있었다. 고려는 안동과 영주, 봉화 등의 죽령 이남지역과 청송 등의 경주와 인접한 지역까지 세력을 확대하였다.

---

2) 『三國史記』 권12, 新羅本紀12, 景明王 7年.

3) 星州는 본래 성산가야가 위치한 지역으로 신라가 점령한 후 本彼縣으로 개명하였다. 신라의 통일 후 경덕왕대에 新安縣으로 개칭하여 星山郡에 속하게 하였다. 그 뒤 벽진군으로 이름을 바꾸었고, 태조 23년에 다시 경산부로 개명하기에 이르렀다(『高麗史』 권57, 志11, 地理2).

4) 『高麗史』 권1, 世家1, 太祖 6年.

5) 『高麗史』 권1, 世家1, 太祖 3年.

후백제는 충청 방향에서는 금강 이북의 10여 주현을 차지하는 등 확실한 주도권을 장악했지만, 경상지역에서는 고전을 면치 못하자 상황을 반전시킬 수 있는 대책의 마련에 나섰다. 견훤은 경북지역 호족들이 고려에 연이어 복속하고, 신라와 고려가 친선관계를 유지하는 등 경상지역에서 주도권을 잃자 조물성을 공격하여 전세를 반전시키려고 하였다.

조물성의 위치에 대해서는 선산의 금오산성,[6] 안동 부근,[7] 김천 조마면,[8] 안동과 상주 사이,[9] 의성 금성(金城)[10] 등으로 보고 있다. 그러나 조물성의 위치는 문헌기록이 남아 있지 않아 정확한 장소를 알 수 없는 형편이다. 다만 두 차례에 걸쳐 치열한 공방전이 끝난 후 초래된 양국의 세력범위 변화를 살펴보면 대략적이나마 그 위치를 추정할 수 있을 것으로 판단된다. 견훤은 924년 7월에 수미강(須彌强)을 보내

A. 동광(同光) 2년 가을 7월에 아들 수미강을 보내 대야(大耶)와 문소(聞韶) 2성의 군사를 내어서 조물성(曹物城)을 공격케 하였다. 성에 있는 사람들이 태조를 위하여 성을 굳게 지키면서 나와 싸우지 않으니 수미강이 이득을 얻지 못하고 돌아갔다.[11]

---

6) 池内宏, 1937, 「高麗太祖の經略」, 『滿鮮史研究中世』 2책, 27쪽.

7) 金庠基, 1961, 『고려시대사』, 동국문화사, 29쪽.

8) 李丙燾, 1961, 『韓國史』 중세편, 을유문화사.

9) 李丙燾, 1977, 『國譯三國史記』, 을유문화사 ; 河炫綱, 1988, 『韓國中世史研究』, 일조각, 53쪽.

10) 文暻鉉, 1986, 앞의 글, 136쪽.

11) 『三國史記』 권50, 列傳10, 甄萱.

라고 하였듯이, 대야성과 문소성의 군사를 이끌고 조물성 공격에 나서도록 하였다. 사료 A에 보이는 수미강은 견훤의 큰 아들 신검이며,[12] 문소성과 대야성은 각각 의성[13]과 합천에 위치하였다.

신검은 두 성에 주둔한 후백제군과 주변의 호족들이 거느린 병력을 동원하여 조물성을 공격하였다. 왕건은 조물성이 공격을 받자 장군 애선(哀宣)과 왕충(王忠)을 보내 구원에 나서도록 하였는데, 애선은 전투 중에 전사하고 말았다. 그러나 신검은 성민들이 방어에 나서 조물성을 굳게 지키자 함락하지 못하고 돌아왔다.[14]

신검이 조물성을 함락하지 못한 것은 저항이 예상보다 훨씬 강력했기 때문이었다. 그 외에도 고려에 우호적인 주변의 호족들이 후백제의 공격에 맞서 조물성에 포위된 성민을 후원하였다. 왕건은 조물성이 공격받은 후 고려군을 투입할 시간적 여유가 없자 주변 호족들에게 응원하도록 지시하였다.

왕건이 조물성을 돕기 위하여 애선과 함께 파견한 왕충은 경북지역의 호족이었다. 왕충은 928년에도 후백제의 관흔(官昕)이 양산(陽山 : 충북 영동)에 축성하자, 병력을 이끌고 공격하여 물리치는 등 경상지역에서 주로 활약한 인물이었다. 왕충이 양산 등의 지역에서 후백제의 관흔과 격전을 치를 때 그의 직책은 명지성장군(命旨城將軍)이었다.[15]

---

12) 『高麗史節要』권1, 太祖 7年 7月 조에는 견훤이 수미강과 良劍을 보내 조물성을 공격한 것으로 기록되어 있다. 수미강은 長子 신검, 양검은 次子로 판단된다.

13) 문소성은 신라가 185년에 정복한 召文國과 관련이 있으며, 경덕왕대에 聞韶郡으로 개명하였다가 고려 때에 이르러 義城이라 하였다(『三國史記』권34, 雜志3, 尙州).

14) 『高麗史』권1, 世家1, 太祖 7年 秋七月.

명지성의 위치를 경기도 포천 부근으로 보는 견해[16]도 없지 않지만, 포천지역은 철원이나 송악과 인접한 지역이기 때문에 일찍 궁예에게 귀부했을 것으로 판단된다. 따라서 923년에 명지성의 성달(城達)과 경산부의 양문(良文) 등이 연이어 고려에 귀부한 사실을 고려하면,[17] 명지성은 경산부와 인접한 지역으로 판단된다. 경산부는 경북 성주 월항면 일대를 관할하였기 때문에 명지성 역시 성주와 인접한 지역에 위치하였을 가능성이 높다.

이와 같이 볼 때 후백제의 공격을 받고 조물성 구원에 나선 애선과 왕충은 현지의 호족들로 판단된다. 신검이 대야성과 문소군 등에서 군대를 동원하여 조물성을 공격한 것과 마찬가지로, 고려 역시 경상지역의 호족들에게 지시를 내려 구원에 나서도록 하였다. 신검은 조물성의 성민들이 성을 굳게 지키면서 결사적으로 저항하고 주변의 호족들이 적극 후원하자 물러날 수밖에 없었다.

후백제는 제1차 조물성 전투에서 별다른 성과 없이 물러나고 말았다. 견훤은 조물성 전투에서 소기의 성과를 거두지 못하자 고려에 절영도의 얼룩말 한 필을 보내 주는 등 화해분위기 조성에 나섰다.[18] 고려 역시 확전에 나서지 않고 신라 및 경상지역 호족들과의 우호관계 유지에 진력하였다.

왕건은 조물성 전투가 끝난 두 달 뒤인 924년 9월에 경명왕이 홍서하

---

15)『三國史記』권12, 新羅本紀12, 敬順王 2年.

16) 申虎澈, 1993, 앞의 책, 61쪽.

17)『三國史記』권12, 新羅本紀12, 景明王 7年.

18)『高麗史』권1, 世家1, 太祖 7年 秋七月.

여 신라에서 국상을 알려오자 애도하는 의례를 거행하고 재(齋)를 베풀어 명복을 빌었으며, 사절을 파견하여 조문19)하는 등 선린관계를 유지하기 위하여 노력하였다. 또한 왕건은 925년 10월에 고울부 장군 능문(能文)이 투항하자, 그 성이 경주와 가깝기 때문에 신라와의 관계를 고려하여 복속을 받아들이지 않는 등의 배려를 하였다.20)

후백제와 고려는 제1차 조물성 전투가 끝난 후 거의 1년 동안 전쟁을 벌이지 않았다. 양국 사이에 다시 전투가 벌어진 것은 925년 10월에 이르러

　　B. 정서대장군 유금필을 보내어 후백제의 연산진을 쳐서 장군 길환(吉奐)을 죽이고 또 임존성을 쳐서 3천여 명을 죽이거나 사로잡았다.21)

라고 하였듯이, 왕건이 유금필을 보내 충북의 연산진(燕山鎭)을 공격하면서 재개되었다. 연산진은 고려가 장악하고 있던 청주에서 대전으로 향하는 중간 길목에 위치하며, 후백제의 최일선 요충지에 해당되었다.

연산진은 연산군의 거점 성곽으로 판단되며, 그 휘하에 매곡현(眛谷縣 : 충북 보은)과 연기현(燕岐縣 : 충남 연기)을 속현으로 두고 있었다.22) 연산진 장군 길환과 매곡성 성주 공직은 후백제의 동북방 최일선의 방어를 담당한 인물들이었다. 유금필은 연산진을 쳐서 길환을 죽이고 성을 함락하였다. 그러나 매곡성 성주 공직이 고려에 투항한 시기가

───────────────

19) 『高麗史』 권1, 世家1, 太祖 7年.

20) 『三國史記』 권12, 新羅本紀12, 景哀王 2年.

21) 『高麗史節要』 권1, 太祖 8年 10月.

22) 『三國史記』 권36, 雜志5, 熊州.

임존성 원경

932년이었음을 고려하면,[23] 고려는 보은 회인면에 위치한 매곡현은
점령하지 못한 것으로 추정된다.

유금필은 연산진을 수비하던 길환을 죽인 후 매곡 방면으로 내려오
지 않고, 충남 예산에 위치한 임존성 방향으로 진격하였다. 임존성은
백제가 멸망된 후 부흥운동이 처음 일어난 지역이자 그 마지막 무대가
되었던 곳이다. 임존성은 사방 20~30㎞ 정도의 주변지역을 한눈에 감
시할 수 있는 전략적인 요충지에 자리하였다.[24] 또한 임존성은 계곡이

---

23) 『高麗史』 권92, 列傳5, 龔直.

24) 임존성의 둘레는 2,426m에 이르러 우리나라 고대산성 중에서 손꼽힐 수 있
   는 최대급에 속하는 규모이다. 봉수산에 위치한 임존성의 지표조사 결과 백
   제시대에 제작된 것으로 추정되는 瓦片과 '任存', '存官', '任存官'이라는 銘
   文기와가 수습되어 임존성이라는 사실이 자료를 통해 입증되었다(예산군·
   충남개발연구원, 2000, 『禮山 任存城』, 21~26쪽). 이와는 달리 홍성군 장곡
   면 산성리에 있는 학성산성을 임존성으로 보는 견해도 있다. 이에 따르면 학

임존성 성벽의 일부

깊어 방어에 유리하였고, 사방의 조망이 뚜렷하고 부여와 공주까지의 거리가 모두 90㎞로 전략상 매우 중요한 위치를 차지하였다.

유금필은 난공불락의 요새에 가까운 임존성을 함락하고 3천여 명을 살상하거나 포로로 하였다. 그런데 『삼국사기』열전 견훤 조에는 형적(邢積)을 비롯하여 수백 여명이 살해된 것으로 기록되었다.[25] 후백제는 유금필의 공격을 받아 임존성이 함락되면서 수백 여명이 전사하고 2천 명 이상이 포로가 되는 참패를 당하였다.

성산성이 백제의 임존성이고, 봉수산성은 형태나 구조 양식에서 통일신라시대의 형식을 보이고 있다고 한다. 신라가 백제의 부흥운동을 진압한 후에 통치에 부담감이 느껴 임존성(학성산성)을 廢城시키고, 새로이 현재의 봉수산에 산성을 쌓고 이곳으로 임존성의 중심을 옮겼다는 것이다(徐程錫, 2002, 『百濟의 城郭』, 학연문화사, 262~283쪽).

25) 『三國史記』권50, 列傳 10, 甄萱.

후백제는 조물성 공격에 실패한 후 연산진과 임존성을 고려에 상실하는 등 수세에 처하였다. 후백제는 무너진 전세를 만회하고 친고려 노선을 견지하는 경상지역의 호족들을 제압하기 위해 견훤이 직접 병력을 이끌고 제2차 조물성 공격에 나섰다. 견훤은 신검이나 다른 지휘관을 보내지 않고 자신이 기병 3천을 이끌고 장도에 올랐다.

견훤이 제2차 조물성 공격을 진두에서 지휘한 것은 후백제가 여러 곳의 전투에서 패배하여 사기가 떨어진 것을 만회하기 위해서였다. 견훤은 유금필이 이끄는 고려군의 주력이 임존성을 함락한 후 예산 방면에 머물고 있는 것을 감안하여, 기병을 이끌고 질풍처럼 조물성으로 진격하였다.

견훤의 친정(親征)에 맞서 왕건 역시 직접 정병을 거느리고 내려와 격전을 치르게 되었다. 왕건은 많은 병력을 동원할 시간적 여유가 없었기 때문에 소수의 친위군을 이끌고 내려올 수밖에 없었다. 왕건이 조물성 방면으로 내려오자 현지의 호족들이 합류하였다.

왕건은 견훤과의 대결을 앞두고 진용을 정비하면서 대상(大相) 제궁(帝弓)에게 상군(上軍)을 맡겼다. 그 외에 원윤(元尹) 왕충(王忠)에게 중군(中軍)을 맡기고, 박수경(朴守卿)과 은녕(殷寧)에게 하군(下軍)을 담당하도록 하였다.[26] 그런데 중군을 담당한 원윤 왕충은 왕건과 함께 송악에서 내려온 인물이 아니라 경북 북부지역에 위치한 명지성을 관할하는 호족이었다.

왕건이 제궁·박수경·은녕 등과 함께 중앙군을 이끌고 내려오자, 왕충을 비롯한 현지의 호족들이 고려군에 합세하게 되었다. 또한 왕건

---

26) 『高麗史』권92, 列傳5, 朴守卿.

은 조물성으로 내려오면서 유금필에게 급보를 알리고 합류하도록 조치하였다. 견훤이 직접 지휘한 기병 3천은 왕건이 이끈 고려군을 압도하였다. 양군은 치열한 접전을 펼치게 되었는데 『고려사』태조 8년 조에는   .

    C. 을해일에 왕이 친히 군사를 거느리고 조물군에서 견훤과 교전하였는데 유금필이 자기 군사를 이끌고 와서 응원하였다. 견훤이 겁이 나서 화친하기를 청하고 사위 진호(眞虎)를 인질로 보내 왔으므로 왕도 자기의 사촌 동생인 원윤 왕신(王信)을 인질로 보냈다. 왕은 견훤의 나이가 자기보다 10년 맏이라 하여 그를 상부(尙父)라고 불렀다.27)

라고 하였듯이, 견훤이 먼저 전세의 불리함을 느끼고 진호를 인질로 보내 화친을 청한 것으로 되어 있다.

그러나 사료 C는 고려의 입장에서 서술되어 일부 왜곡된 내용이 보인다. 이와는 달리 『고려사』박수경 열전에

    D. 조물군 싸움에서 태조는 군대를 3군으로 나누어 대상 제궁에게 상군을 맡기고 원윤 왕충에게 중군을 맡기고 박수경과 은녕에게 하군을 맡기었는데, 전투에서는 박수경 등 만이 이겼으므로 태조가 기뻐서 그를 원보(元甫)로 승진시켰다.28)

---

27) 『高麗史』권1, 世家1, 太祖 8年.

28) 『高麗史』권92, 列傳5, 朴守卿.

라고 하였듯이, 후백제가 전세를 유리하게 이끌어 갔던 것으로 판단된다. 고려는 주요 전투에서 패배하였고 박수경 만이 겨우 승전하였을 뿐이다. 양군의 전황은 후백제가 초반의 승세를 타고 고려를 강하게 압박하였던 것으로 보인다.

고려는 연산진과 임존성을 공격하여 승리를 거둔 유금필이 휘하 병력을 이끌고 급거 남진하여 왔지만

> E. 태조가 견훤과 조물군에서 전투할 때 견훤의 군대가 매우 정예로워서 좀처럼 승부를 결정하지 못하였다. 태조는 지구전으로써 적군의 피로를 기다리려고 하였는데 유금필이 군대를 거느리고 와서 합쳤으므로 군대의 기세가 크게 떨쳤다. 견훤이 겁이 나서 화친을 청하니 태조가 그것을 허락하고 견훤을 병영으로 불러다가 일을 의논하려고 하니 유금필이 간하기를 "사람의 마음이란 알기 어려운데 어찌 경솔히 적과 접근하겠습니까? 라고 하니 태조는 그만 두었다.[29]

라고 하였듯이, 무너진 전세를 되돌릴 수 없었다. 비록 사료 E에는 유금필의 가세로 견훤이 겁이 나서 화친을 청한 것으로 기록되었지만, 이는 왕건과 고려의 입장을 고려하여 사료를 왜곡 서술한 것으로 판단된다.

후백제가 전세를 확고히 장악하였거나 고려군을 포위하고 있었기 때문에 견훤이 왕건 진영을 방문할 수 있는 여건이 조성되었다. 그러나 왕건은 유금필의 간곡한 반대 의사를 받아들여 견훤의 고려군 진영 방문은 무산되고 말았다.

---

29) 『高麗史』 권92, 列傳5, 庾黔弼.

그 대신에 왕건은 사촌동생 왕신을 인질로 보내면서 화친을 청하게 되었다.[30]『삼국유사』후백제 견훤조와『삼국사기』견훤전에는 각각

> F-1. 겨울 10월에 견훤이 기병 3천을 거느리고 조물성에 도착하자 태조 역시 정병을 거느리고 와서 마주 겨루었던 바 견훤의 군사가 정예하여 승부를 내지 못하였다. 태조가 잠시 임시로 화친함으로써 견훤의 군사를 피로케 하고자 글을 보내 화친을 청하고 4촌 아우인 왕신을 볼모로 삼고 견훤도 역시 생질 진호를 볼모로 교환하였다.[31]
>
> 2. 겨울 10월에 견훤이 기병 3천 명을 거느리고 조물성에 이르니 태조도 또한 정병을 거느리고 와서 승패를 겨루었다. 그 때 견훤의 군사가 대단히 날쌨으나 승부를 내지 못하였다. 태조는 우선 화친하여 그 군사를 피로케 하고자 하여 편지를 보내 화친을 청하면서 사촌동생 왕신을 인질로 보내었더니 견훤도 사위 진호를 인질로 교환하였다.[32]

라고 하였듯이, 왕건이 후백제의 군사력에 압도되어 화의를 제안한 기록이 남아 있다.

제2차 조물성 전투를 종결짓기 위해 후백제와 고려 사이에 화의가

---

30) 제2차 조물성 전투 이후에 맺어진 화친을 먼저 제안한 국가를 후백제로 보는 견해(李丙燾, 1961, 앞의 책, 42쪽 ; 柳永哲, 2005, 앞의 책, 85쪽)도 없지 않지만, 고려가 전세가 불리하여 요청한 것으로 보는 것이 일반적이다(문경현, 1987, 앞의 책, 127쪽 ; 하현강, 1988, 앞의 책, 54쪽 ; 신호철, 1993, 앞의 책, 133쪽).

31)『三國遺事』권2, 後百濟 甄萱.

32)『三國史記』권50, 列傳10, 甄萱.

진행되었는데, 먼저 화의를 제안한 국가에 대해서는 사서(史書)에 따라 차이를 보인다. 『고려사』와 『고려사절요』에는 후백제가 화의를 제안한 것으로 되어 있고, 『삼국사기』에는 고려로 되어 있다.

이러한 견해 차이는 『고려사』와 『고려사절요』의 편찬자나 그 저본이 되었던 사료에서 왕건의 위신을 고려하여 후백제가 먼저 화의를 제안한 것으로 왜곡하여 서술하면서 발생하였다. 그 반면에 『삼국사기』는 보다 객관적인 입장에서 고려가 전세의 불리함을 느끼고 화의를 제안한 것으로 기술되었다.

그러나 후백제가 전세를 유리하게 이끌어 간 것은 『고려사』의 박수경전에도 보이고 있어 사실로 판단된다. 왕건은 전세가 불리하여 사료 C와 같이 왕신을 인질로 보내고 견훤을 상부라고 높여 부르면서 화의를 청하였다. 견훤은 왕건이 화의를 요청하고 왕신을 인질로 보내자 그에 답례하기 위하여 사위 진호를 파견하였다.

신라의 경애왕은 이 소식을 듣고 왕건에게 사절을 보내 반대 의사를 표명하였다. 왕건은 견훤을 믿지 못하였지만

> G. 견훤은 이랬다 저랬다 협잡이 많아 화친할 사람이 못된다고 하였다. 왕이 그 말을 그럴 듯이 여겼다.[33]

라고 하였듯이, 전세가 불리하여 어쩔 수 없이 화의를 맺을 수밖에 없었다.

따라서 양국의 화의는 후백제에게 유리한 방향으로 체결되었을 가능

---

33) 『高麗史』 권1, 世家1, 太祖 8年 10月.

성이 높다. 후백제는 전세가 자국에 유리하게 전개되고 있는 상황에서 평등한 협약을 맺을 이유가 없었다. 이에 대해서는 사료가 남아 있지 않아 자세한 내용은 알 수 없지만, 고려가 조물성을 후백제에게 넘겨주고 후퇴한 것으로 판단된다.

고려가 조물성을 후백제에게 내준 사실은 928년 8월에 있었던 왕충의 첩보 활동을 통해 입증된다. 왕충은 왕건의 명령을 받고

> H. 가을 8월에 견훤이 장군 관흔(官昕)에게 명하여 양산에 성을 쌓게 하였다. 태조가 명지성장군 왕충에게 명하여 군사를 이끌고 공격하여 달아나게 하였다. 견훤이 대야성 아래에 나아가 진을 치고 머무르며 군사를 나누어 보내 대목군의 벼를 베어갔다. 왕충 등에게 명하여 조물성으로 가서 살펴보게 하였다.[34]

라고 하였듯이, 조물성 부근에서 정탐 활동을 전개하였다. 이를 통해 볼 때 후백제는 화친이 체결된 후 조물성을 차지한 것으로 판단된다.

고려가 조물성에서 철군하자 왕건에 우호적인 입장을 견지하면서 공동으로 군사작전을 펼쳤던 호족들도 함께 퇴각하였다. 왕건을 도와 다수의 향군들이 조물성 전투에 참여하였는데

> I. 경산부장군인 이능일(李能一)·배신예(裵申乂)·배최언(裵崔彦)은 고려 태조의 삼한통합시인 천수(天授) 을유(乙酉)에 6백인을 거느리고 태조를 도와서 백제를 이긴 공로로 후한 상을 받았으며 살던 지역은 성산(星山), 적산(狄山), 수동(壽同), 유산(襦山), 본피(本彼)의

---

34) 『三國史記』 권12, 新羅本紀12, 敬順王 2年.

> 5현을 합하여 경산부로 승격하였으며 모두 벽상공신삼중대광(壁上
> 功臣三重大匡)에 봉해졌다.[35]

라고 하였듯이, 경산부의 이능일·배신예·배최언 등도 휘하 부대를 이끌고 합류하였다. 이능일 등은 왕건이 후삼국을 통일한 후 모두 고려의 '벽상공신삼중대광'에 봉해졌는데, 조물성 전투를 비롯하여 시종일관 고려에 우호적인 정책을 펼쳤기 때문으로 판단된다.

이능일 등이 왕건을 보필하여 참전한 사료 I는 925년에 벌어진 제2차 조물성 전투와 관련된 것으로 보고 있다.[36] 그런데 고려가 성산 등의 5현을 합하여 경산부를 설치한 것은 조물성 전투 직후가 아니라 940년 무렵이었다.[37] 또한 이능일 등을 벽상공신삼중대광에 임명한 것도 조물성 전투를 전후하여 이루어진 것이 아니라, 고려가 삼한통일을 달성한 이후로 추정된다.

따라서 이능일 등이 병력을 거느리고 왕건을 도와 전투에 승리한 것으로 전하는 사료 I 역시 일부 내용이 왜곡되었을 가능성이 높다. 이능일이 제2차 조물성 전투에 향군을 거느리고 참전하여 왕건을 후원한 것은 사실이지만, 고려군이 철수할 때 함께 퇴각한 것으로 추정된다. 한편 이능일·배신예·배최언이 조물성 전투에 참전한 것으로 볼 때, 그들의 출신지인 경산부는 조물성과 인접하였을 가능성이 높다. 경산부는 923년에 양문 등이 왕건에게 귀부하여 고려의 영향력을 받게 되었

---

35) 『慶尙道地理志』尙州道 星州牧官.

36) 柳永哲, 2005, 앞의 책, 87~88쪽.

37) 『高麗史』 권57, 志11, 地理2.

으며,38) 경산부의 치소가 위치한 성주는 낙동강 중류의 서쪽에서 고려
의 지배를 받은 유일한 곳이었다.

따라서 조물성은 성주 인근에 위치하였을 가능성이 높다. 조물성은
두 차례에 걸친 후백제군의 공격을 어렵게나마 막아낸 사실 등으로
볼 때 험준한 산악에 위치한 성주 가천면의 독용산성으로 추정된다.39)
독용산성은 정상으로 오르는 길이 험악하고 한쪽으로 강이 흘러 천연
의 요새를 이루었다. 또한 성 내에 4개의 연못과 2개의 샘이 있어 물이
풍부하고 활용공간이 넓어 장기간에 걸쳐 전투를 치를 수 있었다.

성주지역의 호족들은 조물성 전투가 벌어지자 왕건을 적극 지지하여
향군을 이끌고 참전하였다. 후백제는 조물성을 함락하지 못했지만 화
의를 맺은 후 고려군이 철군을 단행하자 입성하게 되었다. 후백제가
조물성을 점령하면서 성주와 고령 및 구미 등의 인근 지역은 그 지배
하에 들어가게 되었다. 신라의 경애왕이 고려와 후백제의 화친을 비판
하고 나선 것은 경상지역에 대한 후백제의 영향력이 강화되어 자국의
안위에 큰 위협이 되었기 때문이었다.

후백제와 고려 양국은 화의를 맺고 전쟁을 중단하였으며, 후백제는
고려군이 후퇴하자 추격에 나서지 않고 경상지역을 장악해 나갔다. 후

---

38) 『三國史記』 권12, 新羅本紀12, 景明王 7年.

39) 독용산성은 백제 무왕 27년에 신라와 치열한 격전을 벌인 독산성일 가능성
이 높다(『三國史記』 권27, 百濟本紀5, 武王 37年). 禿用山城은 가천면 금봉
리의 독용산 정상에 위치한 소백산맥의 주봉인 해발 955m 수도산의 줄기에
축조되었다. 산성의 둘레는 7.7㎞(높이 2.5m, 너비 1.5m)에 이르며, 수원이 풍
부하고 활용공간이 넓어 장기 전투에 대비하여 만들어진 包谷式山城으로 영
남지방에 구축한 산성 중 가장 큰 규모이다(대구대 박물관, 1992, 『성주 독용
산성 지표조사보고서』).

큰 계곡을 감싸안은 포곡식산성으로 축조된 독용산성 성문 전경

백제는 조물성 전투에서 승리한 기세를 몰아 먼저 낙동강 중류의 서안
지역을 점령하였다. 견훤은 조물성 전투가 끝난 뒤에 거창 등 20여 성을
차지하는 성과를 올렸다.[40] 후백제가 차지한 20여 성은 거창을 비롯하
여 인접한 고령과 합천 등에 위치한 것으로 추정된다.

　그 외에도 후백제는 문경과 예천 등의 경북 서북지역을 점령하였다.
후백제가 이들 지역을 석권한 것에 대해서는 사료가 남아 있지 않아
자세한 내용은 잘 알 수 없다. 다만 양국 사이의 휴전이 끝난 후 고려가
반격을 개시하여 경북지역으로 진출하는 과정을 통해 유추된다.[41]

---

40) 『三國史記』권50, 列傳10, 甄萱.

41) 후백제와 고려 사이에 전쟁이 재개되자, 왕건은 親征에 나서 927년 정월에
　　후백제가 차지하고 있던 龍州(경북 예천)를 먼저 점령하였다(『高麗史』권1,
　　太祖1, 10年 正月). 왕건은 그 여세를 몰아 같은 해 3월에는 문경시 산양면에
　　위치한 近品城을 공격하여 차지하였다(『高麗史』권1, 太祖1, 10年 3月). 고려

140

후백제는 예천과 문경 등을 장악하여 낙동강 상류의 서쪽지역을 석권하게 되었다. 후백제는 조물성 전투 이전에 차지하고 있던 김천과 선산을 중심으로 북으로는 상주와 문경 및 예천을 차지하였고, 남으로는 성주와 고령 등을 석권하여 낙동강 중·상류의 서쪽지역을 모두 확보하게 되었다.

또한 후백제는 문경과 예천 방향으로 북상하면서 상주를 먼저 장악했을 가능성이 높다. 후백제는 상주와 문경 등을 장악하면서 이화령이나 계립령 등 소백산맥을 관통하는 고갯길을 통제하게 되었다. 고려는 경북 풍기와 충북 단양을 연결하는 죽령을 제외하고 모든 교통로를 상실하여 작전 반경이 대폭 축소되었다.

한편 후백제는 진주 등의 남강 하류지역과 김해와 창녕을 비롯한 낙동강 하류지역마저 석권하였을 가능성이 높다. 진주를 비롯한 남강 하류지역은 920년 2월에 윤웅(閏雄)이 왕건에게 귀부하면서 고려의 지배를 받게 되었다.[42] 후백제는 대야성을 함락한 이후 구사(창원)를 거쳐 진례(김해)까지 진출하였으나 고려의 견제를 받아 철군하였다.

그러나 진주지역의 호족들은 후백제가 조물성 전투 이후 경상지역의 주도권을 장악하자 고려를 멀리하게 되었다. 이는 왕건이 927년 4월에 해군장군(海軍將軍) 영창(英昌)·능식(能式) 등을 시켜 수군을 거느리고

가 국력을 정비하고 南征에 나서 龍州와 近品城을 점령하자, 927년 8월에는 문경시 마성면에 위치한 高思葛伊城의 성주 興達이 왕건에게 귀부하였다. 흥달이 고려에 귀부하자 후백제 지배하에 있던 여러 성의 성주들도 전부투항하게 되었다(『高麗史』 권1, 太祖1, 10年 8月). 고려는 예천과 문경 등을 2차 조물성 전투 이후 상실하였다가, 927년에 이르러 다시 회복하였다.

42) 『三國史記』 권12, 新羅本紀12, 景明王 4年 2月.

진례성 성벽의 일부 | 진례성은 김해지역의 호족 소율희 일가가 낙동강 하류지역 통치의 거점으로 삼았을 가능성이 높다.

전이산(轉伊山 : 경남 남해읍) 등의 남해안지역을 공격한 사실로 입증된다.[43]

왕건이 수군을 보내 여러 섬을 공격한 것은 진주를 비롯한 남해안지역 호족들이 조물성 전투 이후 고려를 등지고 후백제를 지지했기 때문으로 추정된다. 진주 외에도 김해와 창원 및 양산도 고려의 영향력에서 벗어나 후백제의 지배를 받게 되었다.

양주(良州 : 양산)의 호족이었던 김인훈(金忍訓)은 903년에 왕건의 도움을 받아 후백제의 공격을 물리친[44] 후 고려와 우호적인 관계를 유지하였다. 낙동강 하류지역에는 양주의 김인훈 외에도 김해의 소율희, 진례의 김인광 등의 호족세력이 존재하였다.[45] 이들 역시 오랫동안 독자적인 세력을 유지하면서 서남해와 남해안의 해로를 장악한 고려와 밀접한 관계를 유지하였다.

그러나 후백제가 조물성 전투 이후 경상지역의 주도권을 장악하게 되면서 강주와 양주의 호족들은 고려와 관계가 소원해진 것으로 판단된다. 후백제는 그 틈을 타고 낙동강 하류지역까지 진출한 것으로 추정된다. 후백제는 제2차 조물성 전투에서 승리하여 낙동강 서안지역을 모두 석권한 후 사절을 후당에 파견하는 등 대 중국외교를 강화하였

43) 『高麗史』권1, 世家1, 太祖 10年 3月.

44) 『高麗史』권1, 世家1, 太祖 前文.

45) 이에 대해서는 다음의 글을 참조하기 바란다. 구산우, 2002, 「변방에 이는 바람 속의 인물, 쇠유리」, 『10세기 인물 열전』, 푸른역사, 17~22쪽.

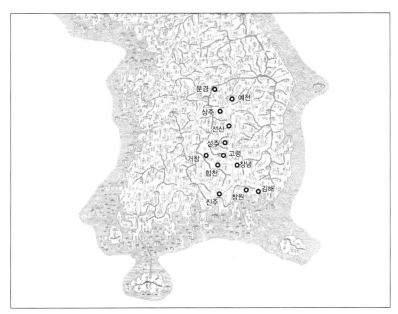

후백제가 조물성 전투 이후 차지한 지역 | 후백제는 제2차 조물성 전투 이후 승세를 타고 낙동강 중류와 하류의 서쪽지역의 대부분을 차지하는 등 크게 위세를 떨쳤다.

다.46) 후백제는 전황을 유리하게 이끌면서 영토확장과 더불어 대외적 인 권위를 높였던 것이다.

2. 고려의 반격과 후삼국의 정세변화

후백제는 제2차 조물성 전투에서 승리를 거둔 후 그 여세를 몰아 낙동강 서안지역을 모두 석권하였다. 고려의 건국 이후 경상지역에서 일진일퇴를 거듭해 온 양국의 대립은 후백제의 잠정적인 승리로 돌아 갔다. 견훤은 고려와 맺은 화의를 존중하여 더 이상 전쟁을 벌이지 않았

---

46) 『三國史記』 권50, 列傳10, 甄萱.

다. 그러나 후백제는 926년 4월에 이르러

> A. 여름 4월에 진호가 갑자기 죽었다. 견훤이 고려 사람들이 고의로 죽였다고 생각하고 분개하여 군사를 거느리고 웅진까지 진군하자, 태조가 모든 성에 명령하여 방비를 굳게 하고 나가지 말라고 하였다. 왕이 고려에 사신을 보내 말하기를 "견훤이 맹약을 위반하고 군사를 발동하였으므로 하늘이 반드시 돕지 않을 것이며, 만일 대왕이 한 번 북을 울려 위풍을 보이게 되면 견훤이 제풀에 패할 것입니다" 하니, 태조가 사신에게 말하기를 "내가 견훤을 두려워하는 것이 아니라 그의 죄악이 충만되어 저절로 무너지기를 기다릴 뿐이다"라고 하였다.[47]

라고 하였듯이, 고려와 맺은 약속을 파기하고 충청지역에 대한 공격에 나섰다.

사료 A에서 경애왕이 "견훤이 맹약을 어기고 군사를 발동하였다"고 말한 것으로 볼 때 후백제와 고려는 조물성 전투를 종식하면서 전쟁을 중단하기로 합의한 것으로 판단된다. 『삼국사기』 견훤전에 보이는 왕건의 답서에

> B. 을유년 10월에 이르러 갑자기 사단이 생겨 서로 싸우게 되었다. 그대가 처음에는 나를 업신여겨 마치 연가시가 수레바퀴를 막듯이 달려들다가 마침내는 모기 새끼가 산을 진 것처럼 대적하지 못할 것을 알고 공손히 사죄를 하고 하늘에 두고 맹세하기를 "오늘부터 영원히 평화롭게 지낼 것이며 만일 맹약을 위반한다면 신명의 벌을 받겠

---

47) 『三國史記』 권12, 新羅本紀12, 景哀王 3年.

다"고 하였다.[48]

라고 하였듯이, 후백제와 고려는 영원히 평화롭게 지낼 것을 하늘에 맹서하였던 것이다. 따라서 견훤은 경상지역을 석권한 후 다른 지역으로 전역(戰役)을 확대하려고 하였으나 명분이 부족하여 군대를 동원하기 어려웠다.

견훤은 926년 4월에 이르러 고려에 인질로 보낸 진호의 죽음을 명분으로 내세워 병력을 일으켰다. 견훤이 고려의 인질 왕신을 죽인 후 병력을 이끌고 공주까지 북상한 것은 유금필이 이끈 고려군에게 함락된 연산진과 임존성 등을 회복하기 위한 출정으로 판단된다.

견훤은 진호의 사망 이후 고려의 변경을 몇 차례에 걸쳐 공격하였다.[49] 후백제와 고려 사이에 맺은 화의는 불과 6개월 만에 끝나고 다시 전쟁 상태로 돌입하였다. 후백제가 공격을 재개하였으나 고려는 반격에 나서지 않고 방어에 만전을 기할 뿐이었다.

왕건은 결전을 피하면서 926년 12월에는 평양성과 북방의 주진(州鎭)을 방문하고 돌아왔다.[50] 왕건은 후백제의 도발에 맞서 방어에 주력하면서 평양성을 방문하는 등 북방지역 안정에 관심을 기울였다. 왕건의 평양성 방문은 후백제의 긴장감을 이완시키려는 전술적인 측면도 내포되어 있었다. 후백제는 왕건이 확전을 피하고 평양성을 방문하는 등 후방 안정에 주력하자 긴장을 늦추고 대비를 소홀히 하였다.

---

48) 『三國史記』 권50, 列傳10, 甄萱.

49) 『高麗史節要』 권1, 太祖 10年 正月.

50) 『高麗史節要』 권1, 太祖 9年 12月.

왕건은 927년 1월에 이르러 군대를 이끌고 직접 죽령을 넘어 경북 북부지역으로 출전하였다. 왕건은 고려군을 동원하여

C. 봄 정월 을묘일에 왕이 친히 백제 용주(龍州)를 쳐서 항복을 받았다. 이때 견훤이 맹약을 위반하고 누차 출병하여 우리 변강을 침범하였으나 왕은 오랫동안 참아 왔다. 그러나 견훤의 죄악이 점점 더하여 자못 우리를 병탄하려는 의도가 있으므로 왕이 이를 공격하였던 것이다. 신라왕이 출병하여 우리를 방조하였다.[51]

라고 하였듯이, 용주(예천 용궁면)를 공격하여 차지하였다. 왕건이 병력을 이끌고 내려오자 신라의 경애왕도 군사를 보내 후원하였다.

고려의 공격을 받고 후백제가 경상지역 방어에 주력하자, 왕건은 두 달 뒤인 927년 3월에는 충남에 위치한 운주(運州 : 홍성)를 공격하여, 운주 성주 경준(競俊)을 성 밑에서 패배시켰다.[52] 왕건은 운주성을 공격한 후 다시 방향을 바꾸어 문경의 근품성(近品城)[53]을 공격하여 함락하였다.[54]

왕건은 전세를 역전시키기 위하여 여러 곳에서 총반격을 개시하였다. 고려는 육군 외에도 수군을 동원하여 후백제의 배후지역을 공격하였다. 왕건은 조물성 전투 이후 열세를 만회하기 위해 자신이 군대를

---

51) 『高麗史』 권1, 世家1, 太祖 10年 正月.

52) 『高麗史節要』 권1, 太祖 10年 3月.

53) 近品城은 경상북도 문경시 산양면에 위치하였다. 신라 중기까지 近品縣 또는 巾品縣이었는데, 경덕왕 때에 嘉猷縣으로 개칭하면서 醴泉郡의 속현이 되었다(『三國史記』 권34, 地理1, 尙州).

54) 『高麗史節要』 권1, 太祖 10年 3月.

지휘하며 경상지역과 충청지역을 전전하였다.

927년 4월 왕건은 해군장군 영창·능식 등을 시켜 수군을 거느리고 가서 남해안지역을 공격하게 하였다. 영창 등이 이끈 수군은 전이산(轉伊山 : 경남 남해읍), 노포(老浦 : 남해군 삼동면 난음리),[55] 평서산(平西山 : 남해군 남면 평산리), 돌산(突山 : 전남 여수시 돌산읍) 등 4개 향을 함락시키고 사람들을 포로로 잡았다.[56]

왕건이 수군을 보내 강주 관하에 있던 돌산 등을 점령한 것은 천주절도사(泉州節度使) 왕봉규(王逢規)를 견제하기 위한 측면도 없지 않았다. 강주지역은 920년 2월에 윤웅(閏雄)이 왕건에게 항복하면서 고려의 지배에 놓여 있었다.[57] 강주지역에는 윤웅 외에 대호족 왕봉규도 존재하였는데, 그는 후당에 사절을 보내 천주절도사에 책봉[58]될 만큼 대단한 세력을 갖고 있었다.

고려는 강주지역의 호족들이 조물성 전투 이후 후백제에 접근하였을 뿐만 아니라, 왕봉규가 독자적인 대외활동을 전개하여 후당과 접촉하자 수군을 보내 돌산 등 4향을 점령하였다. 그런데 윤웅과 왕봉규는 동일 인물일 가능성이 없지 않다. 왜냐하면 왕봉규의 성씨가 '王'인 것은 고려에 복속한 후 왕건이 사성(賜姓)해 준 것으로 판단되기 때문이다. 이는 명주(강릉)의 호족이었던 김순식(金順式)이 고려에 귀부한 후 왕건이 '王'씨를 내려주어 왕순식(王順式)이 된 사실을 통해 유추된다.

---

55) 신라시대의 內浦縣으로 경덕왕대에 蘭浦縣으로 고쳐 남해군에 예속시켰다.
56) 『高麗史』권1, 世家1, 太祖 10年 3月.
57) 『三國史記』권12, 新羅本紀12, 景明王 4年 2月.
58) 『三國史記』권12, 新羅本紀12, 景明王 8年 正月.

왕봉규는 고려가 돌산 등을 점령하고 압박하자 다시 고려에 귀부한 것으로 추정된다. 고려는 강주지역과 그 인근의 도서를 장악한 후 방향을 선회하여 웅주(공주)를 공격하였다.[59] 그러나 고려는 웅주 공격에 실패하여 물러나고 말았다. 웅주 공략 실패 후 고려는 927년 7월 경남 합천에 위치한 대량성(大良城 : 대야성)[60]을 공격하였다.

왕건은 대야성 공격에 직접 나서지 않고 원보 재충(在忠)과 김락(金樂) 등을 파견하였다. 대야성을 수비하고 있던 후백제 장군 추허조(鄒許祖)는 예상치 못한 고려군의 급습을 받아 성이 함락되면서 사로잡히고 말았다. 고려군은 대야성 주변지역을 후백제군이 장악하고 있었기 때문에

D. 가을 7월에 원보 재충과 김락 등을 보내어 대량성을 쳐서 장군 추허조 등 30여 명을 사로잡고 그 성을 부수고 돌아왔다.[61]

라고 하였듯이, 성곽을 허물고 추허조를 비롯한 30여 명을 포로로 이끌고 철병하였다.

고려의 대야성 공격은 경상지역의 대부분을 후백제가 장악하고 있었기 때문에 소백산맥을 넘어 이루어진 것이 아니라, 예상치 못한 제3의 루트를 통해 이루어졌을 가능성도 없지 않다. 고려는 수군을 동원하여

---

59) 『高麗史節要』 권1, 太祖 10年 4月.

60) 大良城은 大良郡의 치소로 추정된다. 대량군은 대야군으로 불리기도 하였는데, 경덕왕 때에 이르러 江陽郡으로 개명되었다(『三國史記』 권34, 地理1, 康州).

61) 『高麗史』 권1, 世家1, 太祖 10年 7月.

148

진주에 상륙한 후 의령이나 산청을 거쳐 대야성을 공격한 것으로 추정된다. 또한 남강과 낙동강을 통한 해상작전을 펼쳐 대야성 부근까지 진입한 후 기습 공격을 감행하였을 가능성도 없지 않다.

왕건은 연이은 승전에 고무되어 927년 8월에 이르러 고려가 차지한 영주와 예천 등을 교두보 삼아 남해안의 강주(진주)까지 순행에 나섰다.[62] 왕건은 강주로 남하하면서 경상지역의 호족들에게 고려의 건재를 과시하면서 세력 확대를 도모하였다. 왕건의 강주지역 순행은 대야성을 함락하여 후백제의 방해를 차단하였기 때문에 가능하였다.

왕건이 죽령을 넘어 강주까지 내려가기 위해서는 대야성 외에도 후백제군이 주둔해 있거나 그 영향력 하에 있는 호족들이 지배하는 여러 지역을 거쳐야 가능하였다. 왕건이 내려오자 경상지역의 일부 호족이 호응하여 고려에 귀부하였다. 왕건이 927년 1월에 공취한 용주(예천군 용궁면)와 인접한 고사갈이성(高思葛伊城 : 문경시 마성면)[63]의 성주 홍달(興達)은

E. 8월에 왕이 강주를 순행할 때 고사갈이성을 지나니 성주 홍달이 그 아들을 먼저 보내 귀순하였다. 이에 후백제에서 두었던 성 지키는 관리들도 또한 모두 항복하였다. 왕이 이를 가상히 여겨 홍달에게는 청주의 녹을 내려주고, 그 맏아들 준달(俊達)에게는 진주(珍州)의 녹을, 둘째 아들 웅달(雄達)에게는 한수(寒水)의 녹을, 셋째 아들

---

62) 『高麗史節要』권1, 太祖 10年 10月.

63) 문경군은 신라 때에 冠文縣·高思曷伊城·冠縣으로 불렸는데 경덕왕 때에 이르러 冠山縣으로 개명되면서 古寧郡에 속하게 되었다(『新增東國輿地勝覽』권29, 聞慶建置沿革).

근래에 복원된 문경 고모산성 남쪽 성문 | 고모산성은 신라가 5세기 후반 때에 축조하여 후삼국시대까지 소백산맥을 넘나드는 교통로를 보호하는 구실을 주로 하였다.

옥달(玉達)에게는 장천(長淺)의 녹을 내려 주고, 또 전택을 내려 주었다.[64]

라고 하였듯이, 그 일족을 거느리고 고려에 귀부하였다. 왕건은 홍달이 일가를 이끌고 927년 8월에 귀부하자 융숭한 대우를 하면서 호족연합정책의 일환인 중폐비사의 면모를 유감없이 보여 주었다.

왕건은 고사갈이성을 차지하여 충주와 문경을 잇는 계립령로를 다시 장악하게 되었다.[65] 고사갈이성은 관문현(冠文縣) 또는 관현(冠縣) 등으

---

64) 『高麗史節要』 권1, 太祖 10年 8月.

65) 계립령로는 신라가 충주지역으로 진출한 이후 官道로 이용되었으며, 죽령로와 추가령로가 주로 군사적인 목적으로 활용된 것과는 달리 경주와 국원소경을 연결하는 행정 목적으로 이용된 것으로 보고 있다(서영일, 1999, 『신라 육상 교통로 연구』, 학연문화사, 204쪽).

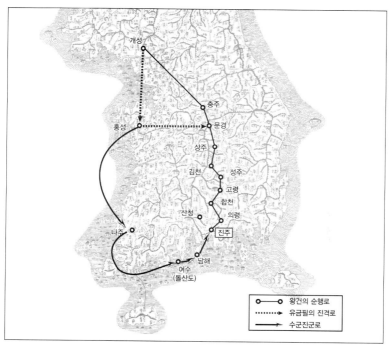

고려의 육해군을 동원한 총반격 루트 | 고려는 조물성 전투 이후 초래된 위축 상태에서 벗어나기 위하여 태조 왕건과 명장 유금필 등이 총반격을 개시하여 경상지역 등에서 약세를 만회하는 전과를 올렸다.

로 불렸는데, 지금의 문경읍과 마성면 일대를 관할하였다. 마성면 신현리와 문경읍 마원리 일대의 반경 5km 내에는 고모산성과 고부산성 및 마고산성 등이 위치하는데, 이들 산성은 충주 방향에서 계립령을 넘어 문경 쪽으로 넘어오는 교통로를 보호하는 역할을 하였다.

고모산성과 고부산성은 마성면 신현리의 고모산과 어룡산에 축조되어 서로 마주 보고 있으며, 마고산성은 고모산성에서 북쪽으로 4km 정도 떨어져 있다. 마고산성은 조령과 계립령이 잘 조망되어 충주 방향에서 오는 적군을 차단하는 데 유리하였다.[66] 따라서 고사갈이성은 문경시 마고산성으로 추정되며, 계립령을 통제하는 역할을 하였던 것으로 판단된다.

고사갈이성은 홍달이 투항하였을 뿐만 아니라 후백제의 수비군마저 항복하면서 고려군이 무혈입성 하게 되었다. 왕건은 고사갈이성 부근에 위치한 배산성(拜山城 : 문경시 호계면)을 점령하여 수축한 후 정조(正朝) 제선(悌宣)으로 하여금 군사 2대(隊)를 거느리고 지키게 하였다.[67]

고려는 남한강을 통해 충주지역까지 군수물자를 실어 나른 다음 계립령을 넘어 호계면의 영강 부근에서 낙동강 수로를 이용하여 영남 각지의 전선으로 수송하였다.[68] 고려는 배산성을 수축한 후 병력을 주둔시켜 군수물자와 계립령으로 연결되는 보급로를 보호하였다.

후백제는 제2차 조물성 전투를 사실상 승리로 이끈 이후 전황을 유리하게 이끌었지만, 927년 1월부터 8월까지 고려의 반격을 받아 몇 곳의 요충지를 상실하였다. 견훤은 동시다발적으로 전개된 고려의 공격을 받아 고전을 면치 못하고 수세에 처하였다. 또한 경상지역의 호족과 신라의 경애왕이 공동으로 출병하는 등 고려에 우호적인 정책을 펼치자 대책 마련에 부심하였다.

---

66) 서영일, 1999, 위의 책, 205쪽.

67) 『高麗史節要』 권1, 太祖 10年 8月.

68) 호계면은 그 앞을 낙동강 본류가 흐르는데 상류임에도 불구하고 선박을 이용하지 않고는 건널 수 없을 만큼 폭이 넓은 편에 속한다. 이곳을 기준으로 상류 쪽은 수심이 급격히 얕아져서 돛단배는 다닐 수 없었기 때문에, 호계중학교 앞 영강이 영남지방의 공물을 실어 나르던 조운선의 종착지가 되었다 (KBS 역사스페셜, 2003년 2월 8일, 「김정호의 꿈, 조선의 네트워크를 구축하라」).

3. 경주 함락과 공산 전투의 승리

견훤은 927년 9월에 이르러 문경시 산북면 근품리에 위치한 근품성을 공격하여 국면 전환을 꾀하였다. 근품성은 고려가 4개월 전에 공격하여 차지한 곳이었는데, 후백제는 이를 다시 점령하여 불태운 후 고울부(高鬱府 : 경북 영천)로 나아갔다.[69]

견훤은 후백제군을 이끌고 문경에서 점촌→ 예천→ 안동→ 의성→ 군위→ 영천 방향으로 진출하였다. 후백제군은 예천과 안동 방면으로 동진하여 고려군의 동향을 주시한 후 남으로 내려갔다. 고울부의 호족들은 신라의 세력권에 머물고 있었으나 친고려적인 입장을 견지하였다. 고울부의 능문(能文)은 925년에 군사를 이끌고 고려에 투항하였으나, 왕건은 경주와 인접하였기 때문에 신라와의 관계를 고려하여 복속을 받아들이지 않았다.[70]

견훤은 고울부를 장악한 후 곧바로 경주의 교외로 육박하였다. 견훤이 신라로 향하자 경애왕은 연식(連式)을 보내 고려에 구원군을 요청하였다. 왕건은 경애왕이 구원을 요청하자 시중 공훤(公萱), 대상 손행(孫幸), 정조 연주(聯珠) 등과 상의하였다. 왕건은 이들에게 고려와 신라가 우호관계를 맺은 지 오래되어 구원하지 않을 수 없다는 입장을 표명하였다.

고려는 경애왕의 구원 요청을 받아들여 공훤이 군사 1만을 거느리고 남진에 나섰다.[71] 견훤은 고려의 구원군이 도착하기 전에 신라의 금성

---

69) 『高麗史』 권1, 世家1, 太祖 10年 9月.

70) 『三國史記』 권12, 新羅本紀12, 景哀王 2年.

71) 『高麗史』 권1, 世家1, 太祖 10年 9月.

포석정 전경

(경주)을 공격하여 함락하였다. 후백제군은 영천에서 신령-화산-호당-도동-임포-아화-건천-모량을 거쳐 경주로 진압하였다. 신라 조정은 후백제의 기습을 알지 못하고 있다가 창졸간에 공격을 받고 어찌할 바를 몰랐다.

경애왕은 비빈 및 종실을 데리고 포석정에서 잔치를 베풀고 연회를 즐기고 있다가 사로잡히고 말았다.[72] 이때의 상황은 견훤전에 의하면

72) 그런데 경애왕이 주연을 즐기다가 참변을 당한 포석정을 연회장이 아니라 호국제사를 지내던 祠堂으로 보는 견해도 있다. 이는 최근에 발견된『화랑세기』필사본에서는 포석정을 鮑石祠로 기록된 사실에서도 입증된다고 한다. 경애왕은 연회장에서 참변을 당한 것이 아니라, 후백제의 공격을 앞두고 민심을 수습하고 호국영령에게 도움을 요청하기 위하여 제사를 모시다가 급습을 받았다는 것이다. 이에 대해서는 다음의 글을 참조하기 바란다(姜敦求, 1993,「鮑石亭의 종교사적 이해」,『韓國思想史學』4·5合 ; 이종욱, 1999,『화랑세기-신라인의 신라 이야기』, 소나무).

154

A. 천성(天成) 2년 가을 9월에 견훤이 근품성을 공격하여 불태우고 진격
하여 신라 고울부를 습격하고 신라 수도 교외에 가까이 이르니 신라
왕이 태조에게 구원을 청하였다. 겨울 10월에 태조가 군사를 출동시
켜 원조하였는데 견훤이 별안간 신라 수도에 들어갔다. 그때 신라왕
은 부인과 궁녀를 데리고 포석정에 놀러 나와 술을 마시고 즐기고
있었는데 적병이 이르자 낭패하여 어찌할 바를 몰랐다. [왕은] 부인
을 데리고 성 남쪽의 별궁으로 돌아왔고 여러 시종하던 신료와 궁
녀, 악사들은 모두 침략군에 잡혔다. 견훤이 군대를 풀어 크게 약탈
하고 왕을 잡아오게 하여 앞에 이르자 왕을 죽이고 문득 궁중에
들어가 거처하면서 부인[왕비]을 강제로 끌어내 능욕하고 왕의 집
안 동생 김부(金傅)로 하여금 왕위를 잇게 하였다. 그런 후에 왕의
동생 효렴(孝廉)과 재상 영경(英景)을 포로로 잡고 국가 창고의 진귀
한 보물과 무기를 취하고, [귀족의] 자녀, 백공 중 기예가 뛰어난
자 등은 스스로 따르게 하여 돌아왔다.[73]

라고 하였듯이, 혼란과 아수라장 그 자체였다. 경애왕은 자살하도록
강요되었고, 왕비와 비빈들은 능욕을 당하였다. 견훤은 경애왕이 왕건
이 용주를 공격할 때 군사를 파견하여 후원하였을 뿐만 아니라 고려에
우호적인 정책을 시종일관 펼쳤기 때문에 제거한 것이다.

견훤은 경애왕을 제거하면서 오랫동안 유지하여 왔던 '존왕(尊王)의
의(義)'를 정면으로 부인하였다.[74] 견훤은 김부(金傅)를 세워 왕으로 삼

---

73) 『三國史記』 권50, 列傳10, 甄萱.
74) 견훤과 왕건 사이에 오고 간 국서에 의하면 양국은 모두 신라에 대해 '尊王
   의 義'를 내세웠다(『三國史記』 권50, 列傳10, 甄萱). 이는 결코 의례적인 修
   辭만은 아니었고, 견훤이 922년에 일본에 보낸 국서에도 나타나 있다. 일본
   측은 견훤이 파견한 사신을 '新羅人到來', 견훤을 '新羅 陪臣', 견훤이 보낸

은 후 남녀 포로, 여러 분야의 기술자와 병장기, 보물 등을 싣고 귀환길에 올랐다.[75] 그 외에도 견훤은 경순왕의 아우 효렴과 재신 영경을 인질로 삼았다. 이에 왕건은 신라에 사절을 파견하여 경애왕의 죽음을 조문하고, 친히 정예 기병 5천을 이끌고 후백제군을 공격하기 위해 내려왔다.

왕건은 경주에서 철수하는 후백제군을 공격하기 위하여 대구 동남쪽에 위치한 공산(公山) 동수(桐藪)[76]에 군사를 대기시켰다. 후백제군은 경주에서 철병하여 영천을 거쳐 대구 공산 부근에 이르러 고려군과 조우하게 되었다. 그리하여 후백제와 고려는 양국의 운명을 걸고 공산전투로 불리는 대회전을 벌이게 되었다.[77]

왕건은 충주지역에서 계립령을 넘어 문경으로 내려온 후 예천-안동-의성을 거쳐 대구의 공산에 주둔하였을 가능성이 높다. 왕건은 후백제군이 경주로 진군한 길을 따라 추격에 나섰다.[78] 왕건은 견훤이 경주

서첩을 '答新羅返牒'으로 표현하였다(『扶桑略記』 권24, 裡書, 延喜 22年 6月 5日). 또한 일본은 견훤을 '都統甄萱'이라 칭했는데, 이는 견훤 스스로가 신라의 지방관임을 자처했을 가능성을 보여준다(申虎澈, 1996, 앞의 글, 122쪽).

75) 『高麗史』 권1, 世家1, 太祖 10年 9月.

76) 공산은 대구에서 동북쪽으로 약 22㎞ 떨어진 팔공산의 옛 이름이며, 桐藪는 오동나무 숲이라는 뜻으로 동화사를 가리킨다. 동화사는 현재는 오동나무가 그리 많지 않지만, 신라시대 때에는 오동나무가 많아 사찰의 이름도 오동나무 숲이란 뜻을 가진 桐藪 혹은 오동나무 절이란 의미로 桐寺로 불렀다.

77) 공산 전투의 배경과 전개과정에 대해서는 다음의 글을 참조하기 바람(柳永哲, 1998, 「고려와 후백제의 쟁패과정 연구」, 영남대 대학원 박사학위논문).

78) 이는 왕건이 패한 후 그 도주로가 성주지역으로 향하였던 점이나 후백제가 공산싸움에서 승리한 후 성주와 칠곡 일대를 공략한 사실 등으로 유추된다(유영철, 1999, 「고창전투와 후삼국의 정세변화」, 『한국중세사연구』 7).

로 진군한 길을 따라 추격에 나섰다가 팔공산 동화사 부근에서 접전을 펼치게 되었다.

후백제는 동수, 즉 팔공산 동화사(桐華寺)에서 벌어진 첫 전투에서 고려군에게 패배를 당하였다. 양군의 전투는 왕건이 견훤에게 보낸 국서에 "동수에서는 깃발을 바라다보고 무너져 흩어졌다"라고 하였듯이, 후백제군이 고려군의 군기(軍旗)를 보고 물러난 것으로 판단된다. 첫 공방전에서 패배를 당한 후백제군은 견훤이 이끈 본진이 아니라 후방에 남아 있던 척후병일 가능성이 크다.

고려군은 서전을 승리로 장식한 후 팔공산의 동화사 아래를 통과한 후 능성고개를 넘어 영천 방면으로 진격하였다. 후백제군은 고려군을 영천의 읍치에서 30리쯤 떨어져 있던 태조지(太祖旨)[79] 부근에서 격파한 후 승기를 장악하였다.

후백제군은 태조지 전투에서 패한 고려군이 후퇴하자 추격에 나서 현재의 서변천과 금호강이 합류하는 지점인 살내(箭灘)를 경계로 대치하였다. 이곳에서 양군이 대치하고 있을 때 신숭겸과 김락이 이끄는 고려의 증원병이 합세하였다.

고려군은 증원군의 도움을 받아 후백제군을 밀어붙여 왕산 앞에 위치한 미리사(美利寺) 앞까지 진격하였으나, 반격에 밀려 치열한 격전을 치르게 되었다. 왕산 아래에서 전개된 전투는 동화사와 파계사로 올라가는 갈림길이 시작되는 파군재라는 곳에서 고려군의 참담한 패배로 끝났다는 전승이 남아 있다.

왕건은 참패를 당하여 그 병력의 대부분을 상실하였으며, 신숭겸과

---

79) 『新增東國輿地勝覽』 권22, 永川郡 古跡.

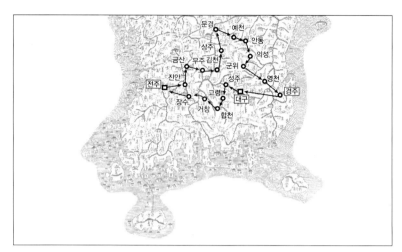

후백제군의 공산 전투 진격로와 후퇴로 | 후백제는 견훤이 직접 대군을 이끌고, 무주에서 추풍령을 넘어 김천과 상주-문경을 거쳐 낙동강을 건넌 후 안동-의성-군위-영천을 거쳐 경주를 함락하였다. 후백제군은 돌아오는 길에 대구 공산에서 고려군을 크게 격파한 후 성주-거창-함양-장수를 거쳐 전주로 돌아왔다

김락 등의 도움으로 겨우 목숨을 부지하였다. 왕건은 단신으로 탈출하여 낙동강변을 따라 성주지역을 거쳐 송악으로 돌아갔다.

공산 전투 혹은 동수 전투로 불리는 싸움에서 왕건의 5,000명 군사는 전멸했고,

> B. 태조는 정예 기병 5천을 거느리고 공산 아래에 견훤을 맞이하여 크게 싸웠다. 태조의 장수 김락과 신숭겸은 여기서 죽고, 모든 군병이 패전했으며, 태조는 겨우 죽음을 면했다. 그래서 견훤에게 저항하지 못하고 그가 하는 대로 내버려두었다.[80]

라고 하였듯이, 견훤은 고려의 견제를 받지 않고 경상지역을 석권하는

---

80) 『三國遺事』 권2, 紀異2, 後百濟 甄萱.

위세를 떨쳤다. 견훤은 공산 전투에서 승리한 후 성주와 칠곡으로 진출하여 고려의 영향력을 약화시키려고 하였다.

견훤은 공산 전투의 승세를 타고 낙동강을 건너 대목군(大木郡 : 칠곡군 약목면)을 빼앗고 전야(田野)에 노적한 곡식을 불태워 없애 버렸다. 견훤은 다시 장수를 보내 고려가 차지하고 있던 벽진군(碧珍郡 : 경북 성주)을 침략하고, 대목(大木)과 소목(小木) 두 군의 곡식을 베어 갔다.[81] 견훤은 11월에도 벽진군의 곡식을 불살랐으며, 고려의 정조 색상(索湘)은 후백제군에 맞서 싸우다가 전사하였다.[82]

견훤은 공산 전투의 승리와 그 기세에 편승하여 몇몇의 국지전에서 승리한 후 12월에 왕건에게 국서를 보내 '활을 평양의 다락 위에 걸고 나의 말에 패강(대동강)의 물을 먹이겠다'[83]는 자신감을 내보였다. 후백제는 고려를 강하게 압박하면서 전반적으로 우위를 차지하게 되었다. 또한 후백제의 병력은

C. 병신(丙申) 정월에 견훤은 그 아들에게 말했다. "내가 신라 말에 후백제를 세운 지 여러 해가 되어 군사는 북쪽의 고려 군사보다 배나 되는 데도 오히려 이기지 못하니 필경 하늘이 고려를 위하여 가수(假手)하는 것 같다. 어찌 북쪽 고려의 왕에게 귀순해서 생명을 보전하지 않을 수 있겠느냐." 그러나 그 아들 신검 · 용검 · 양검 등 세 사람은 모두 응하지 않았다.[84]

---

81) 『高麗史』권1, 世家1, 太祖 10年 10月.

82) 『高麗史』권1, 世家1, 太祖 10年 11月.

83) 『三國史記』권50, 列傳10, 甄萱.

84) 『三國遺事』권2, 紀異2, 後百濟 甄萱.

라고 하였듯이, 고려군의 2배 이상이 되었다. 견훤은 927년 9월 공산 전투에서 승리한 기세를 몰아 그 몇 달 전에 상실한 대야성과 그 부근지역을 회복하려고 하였다.

후백제의 대야성 공격은 928년 정월에 추진되어

> D. 봄 정월에 고려의 장군 김상(金相)이 초팔성(草八城) 도적 홍종(興宗) 과 싸우다 이기지 못하고 죽었다.[85]

라고 하였듯이, 호족을 이용하여 고려에 맞서게 하는 방식으로 이루어졌다. 초팔성은 합천군 초계면에 위치하였는데, 이곳의 호족들은 후백제가 공산 전투에서 승리하여 전황을 유리하게 이끌어 가자 고려의 지배에서 벗어나 후백제를 후원하였다.

고려의 장군 김상은 초팔성의 호족 홍종이 고려의 영향력에서 벗어나자 진압에 나섰다가 전사하고 말았다. 김상이 주둔한 곳은 초계와 인접한 대야성으로 추정된다. 그러나 초팔성의 홍종이 후백제와 연대하여 인근지역을 관할하던 고려의 장군 김상을 공격하여 살해하였을 가능성도 없지 않다. 후백제는 대야성이 위치한 합천읍[86]과 초계지역을 장악한 후 928년 5월에 이르러 강주지역(진주) 공략을 추진하였다.

견훤은 군사를 보내 강주를 습격하여 3백여 명을 죽이고, 강주장군

---

85) 『三國史記』 권12, 新羅本紀12, 敬順王 2年.

86) 후백제는 대야성이 위치한 합천읍 지역을 928년 8월 이전에 확보하였다. 이는 견훤이 장군 官昕을 시켜 양산에 성을 축조할 때 왕건이 명지성 장군 왕충을 시켜 공격에 나서자, 대야성으로 물러나 지켰다는 사료(『高麗史節要』 권1, 太祖 11年 8月)를 통해 유추된다.

유문(有文)의 항복을 받았다.[87] 견훤은 유문의 항복을 계기로 강주지역을 차지하여 고려의 남해안지역 해상활동을 차단할 수 있게 되었다. 강주지역은 후백제의 영향력 하에 놓이게 되었고, 견훤은 둘째 아들 양검을 강주도독으로 삼아 지방통치를 강화하였다.[88]

---

87) 『三國史記』 권50, 列傳10, 甄萱.

88) 양검이 강주도독에 임명된 시기는 잘 알 수 없다. 다만 신검이 935년에 정변을 일으킬 때까지 양검은 도독이 되어 강주지역에 머물고 있었다(『三國史記』 권50, 列傳10, 甄萱).

제6장
전세의 역전과 후백제의 약화

1. 고창 전투의 패배와 후백제의 쇠퇴

후백제는 공산 전투의 승리 후 경상도의 여러 지역을 석권하였다. 후백제가 경상지역에서 주도권을 장악하자 고려는 전세를 만회하기 위하여 충북지역의 경략에 나섰다. 왕건은 928년 7월에 직접 군사들을 이끌고 보은의 삼년산성을 공격하였다.[1]

왕건은 삼년산성을 함락하여 청주 방향으로 진출하려는 후백제군의 기선을 제압하려고 하였다. 또한 고려의 삼년산성 공격은 후백제가 이곳을 근거지로 삼아 화령을 넘어 상주 방면으로 진출하려는 것을 차단할 목적도 없지 않았다.[2] 그러나 왕건은 전략적 요충지에 위치한 삼년산성을 함락하지 못하고 청주로 올라갔다.

견훤은 김훤(金萱), 애식(哀式), 한문(漢文) 등에게 3천 병력을 주어 청주를 공격하였다. 후백제의 공격을 받아 고려군은 위기에 몰렸으나 탕정군(충남 온양)에 주둔해 있던 유금필이 달려와 곤경에서 벗어날 수 있었다. 유금필은 청주에서 후백제군을 격파한 후 독기진(禿岐鎭)까지 추격하여 300여 명을 살획하는 전과를 올렸다.

유금필은 후백제군을 섬멸하고 중원(中原 : 충주)에 머물고 있던 왕건에게 전과를 상세히 알렸다. 왕건은 유금필의 전황 보고를 받으면서

---

1) 『高麗史節要』 권1, 世家1, 太祖 11年 7月.

2) 삼년산성은 해발 325m의 오정산에 위치하고 있는데, 비교적 높은 산지로 둘러싸여 있기 때문에 실제로는 낮은 구릉 상에 위치한 것처럼 보인다. 그러나 정상에서는 보은 분지가 잘 조망되고, 보은에서 사방으로 통하는 大路가 잘 관측된다. 삼년산성 남쪽으로는 보은-청산-영동으로 이어지는 길이 나가고, 서쪽으로는 보은-옥천-대전-공주로 이어지며, 북서쪽으로는 보은-청원-청주로 통하는 옛길이 있다(成周鐸, 1976, 「신라 삼년산성 연구」, 『백제연구』 7, 충남대 백제연구소, 146~152쪽).

보은 삼년산성 전경

<blockquote>A. 동수의 전투에서 신숭겸과 김락 두 장군을 잃어 심히 국가의 근심이
되었다. 지금 경의 보고를 들으니 짐이 조금 안정이 된다.[3]</blockquote>

라고 하였듯이, 공산 전투 패배의 후유증이 매우 컸음을 알 수 있다. 왕건은 후백제군이 자신이 머물고 있던 청주를 공격하자 단신으로 탈출하였던 공산 전투의 악몽이 떠올라 전장을 벗어나 충주로 행차한 것으로 판단된다.

왕건은 유금필의 승전을 계기로 하여 공산 전투 패배의 후유증에서 조금씩 벗어나게 되었다. 견훤은 928년 8월에 이르러

<blockquote>B. 가을 8월에 견훤이 장군 관흔(官昕)에게 명하여 양산에 성을 쌓게
하였다. 태조가 명지성 장군 왕충에게 명하여 군사를 이끌고 공격하</blockquote>

---

3)『高麗史』권92, 列傳5, 庚黔弼.

여 달아나게 하였다. 견훤이 대야성 아래에 나아가 진을 치고 머무르며 군사를 나누어 보내 대목군의 벼를 베어갔다.[4]

라고 하였듯이, 양산(충북 영동군 양산면)에 축성하여 고려의 남하를 견제하였다. 영동은 고려군이 주둔하고 있던 경북 내륙지역에서 추풍령을 넘어 금산—완주를 거쳐 전주에 이르는 길목에 위치하였다.

후백제가 양산에 축성한 것은 경북 김천 방면에서 추풍령을 넘어 충북지역으로 진출하려는 고려군을 견제하기 위한 것으로 판단된다. 후백제의 장군 관흔이 양산에 축성하여 추풍령로 차단에 나서자, 왕건은 이를 묵과하지 않고 명지성의 장군 왕충을 보내 공격하여 축출하였다. 관흔은 왕충의 공격을 받고 패배하여 대야성 방면으로 물러났다. 관흔이 대야성 방면으로 나아간 까닭은 성주지역에 주둔하고 있는 고려군이나 친고려적인 입장을 견지하고 있던 호족들과 다시 일전을 겨루기 위한 목적으로 판단된다.

관흔은 왕충이 양산에 축성하는 곳을 방해하고 물러나자, 그의 뒤를 따라 추풍령을 넘어 김천에서 거창 방면으로 남하하여 합천에 이른 것으로 판단된다. 관흔이 영동에서 무주를 거쳐 장수로 남하하여 육십령을 넘은 후 거창을 거쳐 합천으로 향하였을 가능성도 없지 않다.

관흔은 대야성에서 대목군으로 올라가 군사를 풀어 벼를 수확하였고, 오어곡(烏於谷)에 군사를 나누어 주둔하여 죽령로를 차단하였다.[5] 오어곡은 경북 예천군 하리면 오곡동으로 죽령을 넘어 영주를 거쳐

---

4) 『三國史記』 권12, 新羅本紀12, 敬順王 2年.

5) 『高麗史』 권1, 世家1, 太祖 11年 8月.

경주로 내려가는 중간지대에 위치하였다.6) 고려는 죽령로가 막혀 영주
에서 안동-의성 또는 청송을 거쳐 영천-경주로 향하는 루트를 이용
할 수 없게 되었다.

후백제와 고려는 다시 전운이 감돌면서 상대국의 동태를 감시하기
위해 치열한 첩보전을 펼쳤다. 왕건은 왕충 등으로 하여금 조물성 부근
정탐에 나서도록 하였다. 경북지역에서 시종일관 친고려적인 입장을
견지하면서 많은 활약을 펼친 왕충은 '왕씨' 성을 왕건에게서 하사 받
은 것으로 추정된다.

후백제군은 928년 10월에 무곡성(武谷城 : 군위군 악계면)을 쳐서 함
락시켰다.7) 후백제군을 지휘한 인물은 관흔으로 추정되는데, 그는 대
야성에서 북진하여 칠곡과 군위 일대에서 전투를 성공리에 치렀다. 후
백제는 양국의 대립이 치열해진 가운데 928년 11월에는 강건한 군사들
을 선발하여 오어곡성을 공격, 성을 함락하고 수비병 1천 명을 죽였다.
후백제가 오어곡성을 공격하자 양지(陽志), 명식(明式)을 비롯한 6명의
고려 장군들이 성 밖으로 나와 항복하였다. 왕건은 군사들을 구정(毬庭)
에 모아 놓고 항장(降將)의 처자들을 저자에서 사형에 처하였다.8)

한편 후백제는 경상지역의 여러 곳에서 벌어진 전투의 승세를 타고
건국 이후 숙원이었던 서남해지역으로 진출하였다. 후백제가 서남해지
역을 차지한 것은 928년 11월에 공산 전투에서 대승을 거둔 이후로
판단된다. 이는 왕건이 935년에 여러 장수에게

---

6) 『新增東國輿地勝覽』 안동도호부 조에 의하면 안동에서 서북쪽으로 45리 떨
어진 곳에 위치한 것으로 기록되어 있다.

7) 『三國史記』 권12, 新羅本紀12, 敬順王 2年.

8) 『高麗史』 권1, 世家1, 太祖 11年 11月.

C. 나주계(羅州界)의 40여 군은 나의 번리(藩籬)가 되어 오래 풍화에 젖었으므로 일찍이 대상 견서(堅書)·권직(權直)·인일(仁壹) 등을 보내어 가서 진무하도록 하였는데, 근자에 백제에게 겁략당한 바 되어 6년간에 해로가 통하지 않으니 누가 나를 위하여 진무할 것인가?[9]

라고 하였듯이, 후백제가 차지한 나주지역을 다시 회복하자는 주장을 한 것을 통해 알 수 있다. 후백제가 나주지역을 확보한 것은 사료 C에서 언급되었듯이 태조 18년(935)에서 6년이 소급된 929년에 이루어졌다.[10]

후백제의 서남해지역 점령은 건국 이래 가장 큰 경사 중의 하나로 판단된다. 견훤은 무주에서 후백제를 건국하였음에도 불구하고 그 배후에 위치한 서남해지역을 몇 차례에 걸쳐 공격하였으나 차지하지 못하였다. 후백제는 궁예정권 시기에도 몽탄 전투를 비롯하여 몇 차례에 걸쳐 치열한 격전을 치렀으나 점령하지 못하였다. 태봉의 서남해지역 경략의 주역은 왕건이었으며, 그가 고려를 건국하는 데 서남해지역은 주요 기반이 되기도 하였다.

왕건은 고려를 건국한 직후 중앙정부와는 별개의 독립된 행정부서인 나주도대행대(羅州道大行臺)를 두어 서남해지역을 관할하였다. 나주도대행도에 대한 내용은 『고려사』 태조 세가에

D. 전(前)시중 구진(具鎭)으로 나주도대행대 시중을 삼았다. 구진은 그

---

9) 『高麗史』 권92, 列傳1, 庚黔弼傳.

10) 김갑동, 2001, 앞의 글, 209쪽.

가 오랫동안 전주(前主)에게 노고한 것을 이유로 들어 사양하고 가려하지 아니하므로 왕이 불쾌히 생각하여 유권열(劉權說)에게 일러 말하기를, "옛날에 내가 험조(險阻)를 역시(歷試)하였으되 일찌기 노고하였다고 말하지 않은 것은 실로 (궁예의) 엄위(嚴威)를 두려워하였기 때문이다. 이제 구진이 군이 사양하고 가지 아니하는 것이 옳은가?"고 한 바 유권열이 대답하여 말하기를 "상은 선을 권장하는 것이고 벌은 악을 징계하는 것입니다. 마땅히 엄형을 가하여 군하(群下)를 경계해야 합니다."라고 하였다. 왕이 이를 옳게 여겼으므로 구진이 두려워하여 사죄하고 드디어 출발하였다.[11]

라고 하였듯이, 유일한 기록이 남아 있다. 고려시대에 지방행정단위로서 '도(道)'가 설치된 것은 성종 이후였기 때문에 사료 D에 보이는 '나주도(羅州道)'는 행정단위는 아니었다. 따라서 사료 D에 보이는 '도'는 관할 범위를 지칭하는 것으로 추정되며, 나주도는 고려의 군사적·정치적 거점이 되어 서남해지역을 관할하였다.

나주도대행도는 나주방면을 관할하는 부서로 주로 군사행정을 담당하였지만 민사행정 등도 처리하였다.[12] 궁예정권 때에 시중을 역임한 구진을 나주도대행대의 책임자로 삼은 것으로 볼 때 그 역할이 중국의

11) 『高麗史』 권1, 世家1, 太祖 元年 9月 癸巳.

12) 대행대는 그냥 '行臺'라고도 불렸는데, 중국에서는 고대로부터 독특한 의미로 사용되었다. 行臺는 처음에는 오직 민사행정 만을 담당하였고 常設된 것도 아니었다. 後魏 때 상설기관으로 변모되면서 일정한 지역을 통괄하게 되었으며, 北齊·北周에 이르러 민사행정까지 담당하게 되었다. 행대에는 중앙정부와는 다른 별개의 행정관부가 설치되고 尙書令과 僕射 등이 파견되어 兵事·農事·行政 등 일체를 통괄하였다. 행대는 중앙정부보다 기구의 규모나 관등의 등급이 약간 축소된 형태이었다(朴漢卨, 1985, 「羅州道大行臺考」, 『江原史學』 1, 24쪽).

행대에 못지않게 중요하였음을 알 수 있다.

구진은 나주도대행대의 시중을 역임하면서 그 휘하의 관료들을 통솔하여 병사·농사·행정 등 일체를 통괄하였다. 고려가 나주도대행대를 둔 이유는 바다를 거쳐야만 통할 수 있는 원거리에 위치한 서남해지역 통치를 위해 특별한 관서가 필요하였기 때문이다.

왕건이 나주도대행대를 설치한 이유는 왕실의 권위를 지지해 주는 세력기반을 마련하고 나주세력을 체계화하기 위해서였다.[13] 또한 나주도대행대는 고려 정부와는 별개로 왕건의 사적 영유지였을 가능성도 없지 않다.[14]

이와 같이 고려가 대행대를 설치하는 등 나주를 비롯한 서남해지역 유지에 큰 노력을 기울였기 때문에 후백제가 진출하기 쉽지 않았다. 그러나 후백제는 공산 전투에서 고려군을 섬멸한 여세를 몰아 마침내 서남해지역을 점령하는 데 성공하였다. 고려로서는 큰 고통이고 아픔이었으나 공산 전투 패배의 후유증이 심대하여 어쩔 수 없이 내주고 말았다.

왕건은 전반적인 수세 국면을 타개하기 위해 929년 7월에 기주(基州 : 경북 풍기)로 내려와 경상지역에 위치한 주진(州鎭)을 순행하였다. 왕건은 주군을 순회하면서 백성과 호족을 위무하는 등 재기를 모색하였다. 왕건이 소백산맥을 넘어 풍기 방면으로 내려오자 견훤도 신속히 대처하였다.

견훤은 왕건의 순행을 좌시하지 않고 군사 5천으로 의성부(경북 의

---

13) 鄭淸柱, 1996, 앞의 책, 163쪽.

14) 朴漢卨, 1985, 앞의 글.

성)를 공격하여 장군 홍술(洪述)을 전사케 하니, 왕건은 통곡하면서 말하기를 '좌우의 손'을 잃었다고 하였다. 왕건이 의성의 함락과 홍술의 전사를 애통해 한 것을 보면 고려에 커다란 타격을 준 사건임을 알수 있다. 후백제가 의성부를 함락한 후에 다시 순주(順州 : 안동시 풍산면)를 공격하자 원봉(元逢)은 싸우지 않고 투항하였다.[15] 후백제는 원봉의 항복을 받아들여 의성과 안동까지 영역을 확대하였다.

왕건은 후백제가 안동 방면으로 북상하자 929년 9월에 죽령을 넘어 강주(剛州 : 경북 영주)로 내려와 동요하는 호족들을 위무하고, 후백제의 북진을 저지하였다.[16]

이때가 후백제의 최전성기로 그 영역은 서산-당진-온양-천원-조치원-청주(문의)-보은-옥천-김천-선산-안동-의성-군위-대구-고령-의령-함안-마산을 연결하는 선을 경계로 하였다. 그러나 상주와 점촌, 문경, 예천, 영주, 봉화, 영양 등의 경북 서북과 북부지역 일부는 고려가 확보하고 있었다.

후백제는 929년 10월에 이르러 문경의 고사갈이성(高思葛伊城)을 공격하였다. 견훤의 공격 소식을 접한 성주 홍달(興達)이 전투를 준비하는 와중에

D. 이를 듣고 나가 싸우려고 하였는데 목욕하다가 갑자기 오른팔 위에 '멸(滅)'자가 있음을 보았는데 그 후 10일 만에 병들어 죽었다.[17]

---

15) 『高麗史』 권1, 世家1, 太祖 12年 7月.

16) 『高麗史』 권1, 世家1, 太祖 12年 9月.

17) 『高麗史節要』 권1, 太祖 12年 10月.

라고 하였듯이, 갑자기 병사하고 말았다. 그 후의 전과에 대한 기록이 남아 있지 않아 자세한 상황은 알 수 없지만, 후백제군이 고사갈이성을 장악한 것으로 추정된다.

후백제는 고사갈이성을 장악한 후 가은현(加恩縣)을 공격하였으나 이기지 못하고 돌아왔다.[18] 후백제가 문경지역의 고사갈이성과 가은현을 연이어 공격한 것은 전면전을 앞두고 계립령을 차단하기 위한 목적으로 판단된다. 후백제는 고려군이 충주에서 계립령을 넘어 문경 방면으로 내려오는 것을 차단하기 위해 고사갈이성과 가은현을 공격한 것이다.

그러나 후백제는 계립령로를 차단하지 못한 채 고려와 전면전에 나서게 되었다. 후백제는 가은현 공격이 실패로 끝난 2달 뒤에 견훤이 직접 군대를 이끌고 고려군 3천 명이 주둔하고 있던 고창군(古昌郡 : 경북 안동)을 포위하였다.[19] 견훤이 고창군을 공격한 것은 이곳의 호족들이 후백제에 귀부하지 않고 고려측에 가담하였기 때문이다.

퇴계 이황이 고려가 고창 전투를 승리로 이끄는 데 결정적인 기여를 하였던 김선평(金宣平) 등 삼태사(三太師)의 사당을 중수하면서 남긴 「삼공신묘증수기삼공신묘증수기(三功臣廟增修記三功臣廟增修記)」에 의하면

　E. 세분은 모두 고을사람으로 성주는 김공(金公)이었으며, 고려에 항복을 주장한 이는 권공(權公)이었다. 두 사람이 장공(張公)과 함께 모두

---

18)『三國史記』권12, 新羅本紀12, 敬順王 3年.

19)『高麗史節要』권1, 太祖 12年 12月.

싸움에 공이 있었으므로 고려 태조가 이를 포상함에 있어 투항의
공로에 보답하여 권공에게 사성(賜姓)을 주었고, 전공으로 김공을
주로 삼았으며, 공신의 호를 줌에는 세 사람을 같이 하였다.

라고 하였듯이, 안동지역의 호족들이 김선평의 주장을 받아들여 고려
에 귀부하였음을 알 수 있다.

안동지역의 호족들은 929년 7월에 견훤이 인근의 의성을 공격하여
성주였던 홍술을 살해하는 등 후백제의 위협이 가중되었음에도 불구하
고 고려에 복속하였다. 왕건은 후백제의 위세에 눌려 전세가 불리한
상황 속에서 안동지역의 호족들이 귀부를 하자 병력을 이끌고 고창군
으로 진격하여 구원에 나섰다.

왕건은 안동의 북쪽 약 50리 거리에 있는 예안진(禮安鎭 : 안동시 예
안면)에 이르러 작전회의를 가졌다. 후백제군은 병력도 우세하고 사기
도 충천하였으나 고려군은 그렇지 못하였다. 왕건과 장군들이 예안진
에서 전략회의를 개최할 때 대상 공훤(公萱)과 홍유(洪儒)는

F. 12년에 견훤이 고창군을 포위하였으므로 유금필이 태조를 따라 가서
   구원하는데 예안진에 이르러 태조가 여러 장군들과 의논하기를,
   "싸움이 만일 불리하면 장차 어떻게 할 것인가?"라고 하였다. 대상
   공훤과 홍유가 대답하기를, "만약 불리하게 되면 죽령길을 돌아올
   수 없게 될 것이니 빠져 나갈 길을 사전에 두는 것이 좋겠습니다"라
   고 하였다.[20]

---

20) 『高麗史』 권92, 列傳5, 庾黔弼.

라고 하였듯이, 전투에서의 패배를 대비하여 후퇴할 길을 먼저 확보해야 한다고 주장할 정도였다. 그러나 왕건은 유금필의 건의를 받아들여 고창군을 포위한 후백제군을 기습 공격하였다. 유금필은 안동시 와룡면에 위치한 저수봉(猪首峰)을 내려와 고창성을 포위하고 있던 후백제군을 공격하여 패주시켰다.[21]

양군의 서전은 고려의 승리로 돌아갔고, 견훤은 고창성의 포위를 풀고 군사를 후퇴시켜 전열을 정비하였다. 양군의 본격적인 결전을 앞두고 930년 정월에 재암성(載巖城 : 청송 진보면) 장군 선필(善弼)이 왕건에게 귀순하면서 전황의 변화가 일어나기 시작하였다.[22]

안동과 인접한 의성, 군위의 호족들은 후백제가 승승장구한 여세를 몰아 여러 고을을 차지하고 고창성으로 진격해 왔기 때문에 그 위세에 눌려 있었다. 또한 안동의 외곽에 위치한 호족들은 927년에 벌어진 공산 전투에서 고려군이 후백제에게 대패를 당한 것을 지켜보았기 때문에 왕건에게 적극적인 협력을 하지 않았다.

이 같은 상황 속에서 재암성 장군 선필의 가담은 왕건에게 큰 도움이 되었다. 선필이 결전에 앞서 고려군에 가담한 것은 일찍부터 신라와 통교를 도와주는 등 돈독한 우호관계를 유지하고 있었기 때문에 가능하였다.[23] 왕건은 전세가 위급한 상황에서 선필이 귀부하여 도움을 주

---

21) 『高麗史節要』 권1, 太祖 12年 12月.

22) 『高麗史節要』 권1, 太祖 13年 正月.

23) 선필은 왕건이 후백제군에게 길이 막혀 신라와 접촉이 불가능한 상태를 벗어나 통교가 가능하게 도와 준 적이 있었다. 고려는 죽령을 넘어 안동-의성 -군위-영천을 거쳐 경주로 가는 것이 일반적인 노선이었는데, 후백제가 의성과 군위를 장악하면서 통행이 불가능하게 되었다. 고려는 재암성 성주 선필의 도움을 받아 안동에서 의성으로 내려가지 않고 청송 방면으로 우회

자 두터운 예의로써 대접하였고, 그가 자신보다 나이가 많으므로 상부라 일컬으며 우대하였다.24)

한편 유금필의 기습을 받아 퇴각한 후백제군은 안동시 와룡면에 위치한 석산(石山)에 진을 쳤고, 고려군은 5백 보 가량 떨어진 맞은 편의 병산(瓶山)에 진을 설치하고 대치하게 되었다. 양군은 날이 저물 때까지 접전을 계속하였는데 후백제가 패배하여 물러나게 되었다.

후백제는 병산 전투에서 패배하여 시랑 김악(金渥)이 포로가 되고 전사자가 8천 명에 달하였다.25) 후백제군이 고려군에 패배하여 안동지역에서 밀려났지만 결정적인 참패를 당한 것은 아니었다. 후백제는 안동 전투에서 패배하여 후퇴하는 길에 순주(順州 : 안동시 풍천면 혹은 풍산)를 공격하여 함락하는 등 일사분란한 대오를 유지하였다. 후백제의 공격을 받아 순주 장군 원봉(元逢)은 성을 버리고 도망하였으며, 견훤은 백성들을 사로잡아 전주로 이주시켰다.26)

따라서 후백제군의 전사자가 8천 명에 이르렀다는 기사는 상당한 과장이 있으며, 후백제 고위층의 피해도 시랑 김악이 포로가 된 정도에 국한되었다. 이는 고려가 공산 전투에서 패배하여 참전한 5천 군사 대부분이 전사하고, 왕건 자신마저도 온갖 어려움을 겪은 후 구사일생으로 살아난 것과 큰 차이가 있다.

왕건은 후백제군이 물러나자 순주로 가서 그 성을 수축하고 장군

하여 경주로 갈 수 있었다.

24) 『高麗史節要』 권1, 太祖 13年 正月.

25) 『高麗史節要』 권1, 太祖 13年 正月.

26) 『三國史記』 권50, 列傳10, 甄萱.

원봉의 죄를 물어 하지현(下枝縣)으로 강등하였다. 또한 왕건은 고창성주 김선평을 대광(大匡)으로 삼고, 권행(權行)과 장길(張吉)을 대상으로 임명하였다.[27] 고창 전투에서 고려가 승리할 수 있었던 것은 안동과 청송 등의 호족세력이 큰 도움을 주었기 때문에 가능하였다.

후백제가 고창 전투에서 패배하면서 전세는 고려에 유리한 방향으로 일거에 역전되었다. 고려가 930년 정월에 고창 전투에서 승리를 거두자 같은 달에 영안(永安 : 안동 풍산)·하곡(河谷 : 안동시 임하면)·직명(直明 : 안동시 일직면)·송생(松生 : 청송) 등 30여 군현이 고려에 항복하였다. 또한 다음 달에는 명주(溟州 : 강릉)부터 흥례부(興禮府 : 울산)까지 동해안 일대의 110여 성이 고려에 복속하였다.[28]

이로써 고려는 조물성 전투와 공산 전투 이후 일방적으로 밀렸던 수세를 만회하고 후백제와 다시 대등한 입장에서 자웅을 겨루게 되었다. 또한 신라는 대부분의 영역을 상실하고 고려의 영향력 하에 들어가게 되었다.

후백제는 고창 전투의 패배에도 불구하고 낙동강 동안의 의성과 군위지역을 유지하였으나, 932년에 이르러 고려가 차지하게 되었다. 이는 932년에 왕건이 유금필을 정남대장군(征南大將軍)으로 임명하여 의성부를 지키게 하였다는 사료를 통해서 알 수 있다.[29]

고려는 경상지역의 많은 군현을 차지하면서 몇몇 지역에 군(郡)의 상위에 해당되는 부(府)를 두었다. 고려는 고창군을 승격하여 안동부(安

---

27) 『高麗史節要』 권1, 太祖 13年 正月.

28) 『高麗史節要』 권1, 太祖 13年 2月.

29) 『高麗史』 권92, 列傳5, 庾黔弼傳.

東府)로 삼았고,[30) 대목군(大木郡)과 동서두솔(東西兜率)을 합하여 천안부(天安府)[31]를 설치한 후에 도독(都督)을 두어 지키게 하였다.[32) 그 외에도 의성군 일대에 둔 의성부와 동해안지역에 설치된 홍례부가 사료 상으로 확인된다.[33)

도독부를 관할하는 사(使)와 부사(副使)는 중앙에서 파견되는 관리와 지방의 호족세력들이 함께 임명되었다. 천안도독부(天安都督府)의 사로 임명된 대승(大丞) 제궁(帝弓)은 935년에 대광이 되었는데, 홍유·박술희·공훤 등과 함께 수도 송악에서 왕건을 보필하여 주요 국사를 처결하는 중책을 맡았다.[34) 따라서 제궁은 천안부의 호족 출신이 아니라 중앙에서 파견된 관리였음을 알 수 있다.

이와 같이 고려는 낙동강 동쪽지역에 의성부와 천안부를 설치하여 후백제의 재진출을 차단하였다. 고려는 경북지역의 통치를 강화하기 위해 토착 호족세력을 우대함과 동시에 도독부를 설치하여 관리를 파

---

30) 『高麗史節要』 권1, 太祖 13年 正月.

31) 대목군을 천안 부근의 목천지역으로 비정하고 동서두솔과 합하여 오늘날 천안시의 기원이 된 천안부의 설치로 보는 것이 일반적이다. 그러나 신라 경순왕 2년에 견훤이 大耶城 아래에 나아가 진을 치고 머무르며 군사를 나누어 보내 대목군의 벼를 베어 갔다는 사료(『三國史記』 권12, 新羅本紀12, 敬順王 2年)를 참조하면, 대목군과 대야성은 인접한 지역으로 추정된다. 『三國史記』 권34, 雜志3 康州조에는 江陽郡의 속현으로 谿子縣이 있는데, 원래는 大木縣으로 경덕왕대에 개명된 사실을 밝히고 있다. 그리고 계자현은 고려시대에 이르러 若木縣이 되었으므로, 대목군은 칠곡군 약목면 일대에 위치했음을 알 수 있다. 천안부는 충청도 천안시가 아니라 약목면과 인접한 칠곡, 선산, 군위 일원에 위치하였을 가능성이 높다.

32) 『高麗史節要』 권1, 太祖 13年 8月.

33) 『高麗史節要』 권1, 太祖 13年 2月.

34) 『高麗史』 권92, 列傳5, 庚黔弼傳.

견하는 등 중앙정부의 영향력 강화를 도모하였다.

또한 왕건은 930년 8월 청주에 행차하여 나성을 축조하여 후백제의 침입에 대비하였다.[35] 왕건은 931년 정월에 신라 경순왕이 겸용(謙用)을 보내 만나기를 청하자, 경주로 가서 다섯 달 동안 머물다가 돌아왔다.[36] 왕건은 낙동강 동쪽의 경상지역을 석권한 데 이어 신라와의 친선관계를 돈독히 하였다. 이로써 경상지역의 민심은 고려에 더욱 유리한 방향으로 흘러갔다.

2. 충북지역 공방전과 호족세력의 추이

후백제와 고려의 대립은 고창 전투를 계기로 하여 고려측으로 기울기 시작하였다. 고려가 수세에서 벗어나 공세를 취하자 932년 6월에 충청 북부지역에서 후백제의 전초기지 역할을 하였던 보은군 회인면에 위치한 매곡성(昧谷城)[37]의 공직(龔直)이 고려에 귀부한 것이다.

공직이 고려로 투항한 것은 충북 북부지역 호족세력의 향배에 큰 영향을 미쳤다. 매곡성은 청주에 주둔하고 있는 고려군을 견제하는 충북지역 최일선의 요충지였다. 매곡성은 삼국시대에는 신라와 백제의

---

35) 『高麗史節要』 권1, 太祖 13年 8月.

36) 『高麗史』 권1, 世家1, 太祖 14年 正月.

37) 매곡성은 돌로 쌓은 석성으로 아미산(187m)에 위치하고 있다. 아미산·아미산성·매곡산성 등으로 불리며 둘레가 695m에 이르며, 회인천변의 험한 절벽을 이용하여 축조되었다. 성내에서는 신라계와 백제계의 연질토기 조각이 발견되고 있다. 산성은 그리 높지 않지만 경사가 가파르며 산 밑의 회인천은 천연의 해자 역할을 하였고, 정상에서는 회인 일대가 잘 조망된다(충북대 중원문화연구소, 1998, 『보은 매곡산성 지표조사 보고서』).

보은 회인면에 위치한 매곡산성 전경

경계가 되었던 곳이며, 청주와 보은을 연결하던 큰 길목인 피반대령을
관할하였다.

청주에서 회인 방향으로 진출하기 위해서는 구불구불한 산악지대를
통하는 유일한 관문인 피반대령을 거쳐야 하였다. 공직이 투항하면서
후백제는 회인지역을 내주고 청원군 문의면에 위치한 일모산성으로
후퇴할 수밖에 없었다. 공직이 고려에 투항한 까닭은

A. 공직은 일찍이 백제에 입조하였다가 그의 잔인무도한 것을 보고
   직달(直達)에게 말하기를, "지금 이 나라를 보니 사치하고 무도한지
   라 나는 비록 심복으로 있었지만 다시는 여기로 오지 않겠다. 듣건
   대 '고려의 왕공(王公)은 문(文)은 족히 백성을 안정시킬 만하고 무
   (武)는 난폭한 자를 금제할 수 있다고 한다. 때문에 사방에서 그의
   위엄을 무서워하지 않는 자가 없으며 그의 덕을 따르지 않는 자가

없다'고 한다. 나는 그에게 귀순하려고 하는데 너의 뜻은 어떠냐"라
고 하였다.[38]

라고 하였듯이, 견훤의 사치와 무도함에 실망하여 문을 중시하고 덕을
숭상하는 왕건에게 귀부한 것으로 되어 있다. 공직은 왕건에게 귀부하
기 직전에 전주로 가서 볼모로 잡혀 있던 아들 직달과 충분한 상의를
하였다.

공직은 고려가 후백제를 밀어내고 충북 동남지역을 차지하면 그동안
견훤의 심복으로 후백제에 충성을 다하였던 자신의 가문이 몰락할 것
을 크게 걱정하였다. 공직은 고창 전투 이후 전세가 고려에 유리한 방향
으로 기울자 자식들의 희생을 무릅쓰고 고려에 귀부하였다. 공직이 귀
부하자 왕건은

B. 공직은 드디어 결심하고 태조에게로 귀순하여 왔다. 15년에 공직은
그의 아들 영서(英舒)와 함께 와서 말하기를 "저는 고을에 있을 때
오랫동안 좋은 정치에 대하여 듣고 있었습니다. 비록 제왕을 보좌할
역량은 없으나 당신의 신하된 직분은 다하려고 합니다"라고 하니,
태조가 기뻐하며 그를 대상으로 임명하고 백성군(白城郡)을 녹읍으
로 주고 구마(廐馬) 3필과 채단을 주었다. 또한 그의 아들 함서(咸敍)
를 좌윤(左尹)으로 임명하고, 또 귀척(貴戚)인 정조 준행(俊行)의 딸
을 영서에게 시집을 보냈다.[39]

---

38) 『高麗史』 권92, 列傳5, 龔直.

39) 『高麗史』 권92, 列傳5, 龔直.

라고 하였듯이, 크게 우대하여 대상을 제수하였다. 그의 아들 함서에게
는 좌윤을 수여하면서 정조 준행의 딸과 결혼시켰다. 또한 왕건은 백성
군(안성)을 녹읍으로 주었으며, 기마 3필과 채백을 하사하는 등 크게
우대하였다.

공직은 후백제와 고려 사이에 주도권이 역전되자 고려에 투항하여
매곡성을 보호하고자 하였다. 공직이 장악하고 있던 매곡성을 비롯한
보은지역은 금강유역의 곡창지대이자 한강 이북에서 남쪽으로 통하는
교통의 요충지였다. 따라서 보은지역을 확보하는 것은 후백제나 고려
에 있어서 매우 중요한 의미를 지녔다.[40] 견훤은 공직이 고려에 투항하
자 크게 분노하여

  C. 장흥(長興) 3년 견훤의 신하 공직은 용감하고 지략이 있었는데 태조
    에게 항복하자 견훤이 공직의 두 아들과 한 딸을 거두어 다리의
    힘줄을 불로 지져 끊었다.[41]

라고 하였듯이, 공직의 아들과 딸을 잔혹하게 살해하여 앙갚음을 하였
다.

공직의 투항은 인근에 위치한 일모산군 또는 연산진(청원 문의) 일대
의 호족세력 향배에 영향력을 미쳤다. 매곡성의 공직과 일모산군의 호
족세력은 견훤의 지배를 받으면서 충북 동남지역의 패권과 추풍관할권
을 장악하기 위하여 대립하였다.

---

40) 충북대 중원문화연구소, 1998, 『보은매곡산성 지표조사보고서』, 142쪽.

41) 『三國史記』 권50, 列傳10, 甄萱.

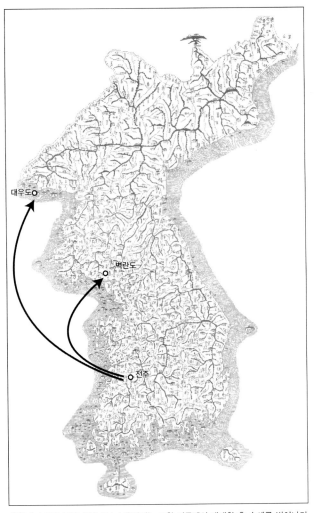

후백제 수군의 고려 경내 급습 | 후백제는 고창 전투에서 대패한 후 수세를 벗어나기 위하여 상귀를 보내 예성강 하류에 위치한 염주·백주·정주 등을 공격하였고, 다음해에 상애 등을 보내 평북 용천의 해안에 위치한 대우도를 공격하는 등 수군 활동을 강화하였다.

공직은 왕건과 견훤의 세력변동에 직면하여 후백제를 배반하고 고려에 귀부하였다. 그 반면에 일모산군의 호족세력은 끝까지 견훤에게 충성을 다하였다. 공직은 고려에 귀부하면서 일모산성의 정벌을 요청하였을 가능성이 높다. 왕건은 공직이 투항한 다음 달에 일모산성을 친히 공격하였다.[42] 그러나 왕건의 친정에도 불구하고 일모산성은 함락되지 않았다.

견훤은 약화된 국세를 회복하기 위하여 고려에 적극적으로 맞서면서 왕자들을 도독으로 삼아 지방의 주요 지역에 파견하였다. 견훤은 양검을 강주도독, 용검을 무주도독으로 삼아 지방통치를 강화하였다.

견훤은 지방통치를 강화하면서 932년 9월에는 일길찬 상귀(相貴)로 하여금 수군을 거느리고 예성강 유역에 위치한 염주(鹽州), 백주(白州), 정주(貞州)를 공격하여 1백 척을 불사르고 저산도(猪山島) 목장에 있는 말 3백 필을 약탈케 하였다.[43] 후백제는 다음 달에도 해군장군 상애(尙哀) 등을 보내 평북 용천에 위치한 대우도(大牛島)를 공격하였다. 왕건이 대광 만세(萬歲) 등을 보내 방어하였지만 후백제군이 승리하였다.[44]

후백제는 육전의 열세를 만회하기 위하여 수군을 동원하여 고려 경내를 급습하여 일정한 전과를 올렸다. 이는 후백제의 수군이 건재하였음을 의미하며, 견훤이 서남해지역을 장악하여 해상세력들의 도움을 받았기 때문에 가능하였다.

후백제 수군이 송악 부근에 위치한 예성강 연안지역에 나타나 약탈을 자행하고 대우도를 공격하자, 왕건은 육군을 동원하여 몇 달 전에 함락하지 못한 일모산성을 다시 공격하였다. 그리하여 932년 11월에

---

42) 『高麗史節要』권1, 太祖 15年 7月.

43) 『高麗史節要』권1, 太祖 15年 9月.

44) 『高麗史節要』권1, 太祖 15年 10月.

고려는 마침내 일모산성을 함락시킬 수 있었다.[45]

고려는 청원의 문의면과 보은군 일원을 석권하고 후백제를 대전과 옥천 방면으로 밀어냈다. 또한 고려는 보은으로 진출하면서 화령로를 장악하여 소백산맥을 넘어 상주로 이어지는 교통로를 확보하였다. 이로써 고려는 충청지역에서 소백산맥을 넘어 경상지역으로 연결되는 화령, 계립령, 죽령을 장악하게 되었다.

후백제는 충북 영동에서 경북 김천으로 연결되는 추풍령, 전북 장수에서 경남 함양으로 연결되는 육십령, 남원에서 함양으로 넘어가는 팔량치를 관할하였다. 고려는 경상지역에서도 상주-문경-예천-영주를 잇는 경북 서북과 북부지역을 장악하여 후백제의 방해를 받지 않고 자유롭게 소맥산맥의 주요 고갯길을 넘나들 수 있게 되었다.

3. 운주 전투의 패배와 금강 이북지역 상실

후백제는 고창 전투 이후 충북 서남부지역에서마저 밀리는 양상을 보이자 전열을 가다듬어 다시 경상지역에서 전투를 벌였다. 후백제는 신검이 휘하 장졸을 이끌고 933년 5월에 혜산성(槥山城)과 아불진(阿弗鎭) 등지를 거쳐 경주까지 육박하였다. 견훤은 자신이 세운 경순왕이 후백제의 영향에서 벗어나 고려와 유대하자 다시 경주를 공격하여 신라를 압박하려고 하였다.

왕건은 신라가 공격을 받자 의성부를 지키고 있던 유금필에게 구원을 명하였다. 유금필은 장사(壯士) 80명을 선발하여 직접 인솔하고 경주

---

45) 『高麗史』 권2, 世家2, 太祖 15年 11月.

로 향하였다. 신검은 유금필의 부대가 사탄(佐灘)을 건너오자 대결에
나섰으나 고려군의 대오가 정예로운 것을 보고 물러나고 말았다.

신검은 다시 유금필이 경주에 7일간 머물고 돌아가는 길에 자도(子
道)에 이르자 가로막고 전투를 벌였다. 그러나 후백제군은 패배하여
장군 금달(今達), 환궁(奐弓) 등 7명이 포로가 되고 살상된 사람이 적지
않았다.[46] 후백제는 낙동강 동쪽지역에서 물러나게 되었고, 고려는 의
성부를 중심으로 인근의 호족세력의 도움을 받아 후백제의 동진을 차
단할 수 있게 되었다.

후백제와 고려는 자도 전투가 끝난 후 1년 이상 동안 소강상태를
유지하였다. 양국 사이에 교전이 재개된 것은 934년 9월에 이르러 충남
홍성을 치소로 삼았던 운주(運州)에서 이루어졌다. 왕건은 고창 전투
이후 여러 지역에서 벌어진 전쟁에서 이긴 승세를 타고 직접 군대를
이끌고 운주지역으로 향하였다.

왕건은 운주성 공격을 앞두고 예산진(예산)으로 가서 조서를 반포하
고 전란으로 고생하는 백성들을 위무하였다. 왕건이 예산진에서 내린
조서에는

A. 지난날 신라의 정치가 혼란하여 뭇 도적이 사방에서 일어나고 백성
들은 유리 분산하여 그들의 백골이 거친 들판에 널렸었다. 전 임금
이 온갖 분쟁을 평정하고 국가 기초를 닦았으나 말년에 와서는 무고
한 백성들에게 해독이 미쳤으며 사직이 전복되었다. 내가 그 위급한
뒤 끝을 이어 새로운 나라를 창건하였는데 도탄 속에서 신음하여
온 백성들에게 고된 노역을 시키는 것이 어찌 나의 본의이겠는가.

---

46) 『高麗史』 권92, 列傳5, 庾黔弼.

다만 만사를 초창하는 때라 일이 부득이 하여 그런 것이다. 내가
비바람을 무릅쓰고 주진을 돌아다니면서 성책을 수리하는 것은 우
리 백성들로 하여금 도적들의 난을 면하게 하려는 것이다. 이리하여
남자는 전부 군대로 나가게 되고 여자들까지도 부역에 동원되었다.
그들은 고통을 참지 못하여 혹은 산중으로 도망하고 혹은 관청에
와서 호소하는 자들이 얼마나 많은지 모르겠다.[47]

라고 하였듯이, 전란으로 인한 백성들의 참혹함이 어떠하였는지를 잘
보여주고 있다.

왕건은 934년 가을이 되어 전쟁 준비가 끝나자 유금필을 우장군으로
임명하고 운주성을 공격하였다. 견훤은 이에 맞서 갑사(甲士) 5천 명을
거느리고 출전하였다. 고려군은 진용을 갖추고 후백제군을 맞이할 준
비를 하였다. 견훤은 운주성으로 들어가지 않고 그 주변에 진을 쳤다.
견훤은 양군의 결전에 앞서 왕건에게 사람을 보내

B. 양군이 서로 싸우면 양쪽이 모두 온전하지 못할 형세이니 무지한
   병졸들만 많이 살상될 것이 우려된다. 화친을 맹약하고 각자의 영토
   를 보전하는 것이 마땅하지 않겠는가.[48]

라고 하였듯이, 무고한 인명의 살상을 피하기 위하여 화친을 제의하였
다. 견훤 자신은 925년 조물성 전투에서 왕건의 제의를 받아들여 휴전
을 맺고 철군한 경험이 있었다.

---

47) 『高麗史』 권2, 世家2, 太祖 17年 5月.
48) 『高麗史』 권92, 列傳5, 庾黔弼.

고려는 후백제의 화친 제의를 받아들이지 않고 고창 전투 이후 굳어지고 있던 승세를 타고 결전을 택하였다. 유금필은 고려군의 지휘부 회의 석상에서 왕건에게

C. 오늘의 정세는 싸우지 않을 수 없으니 바라건대 성상께서는 염려마시고 저희들이 적을 격파하는 것이나 보십시오.[49]

라고 하였듯이, 정확한 정세판단과 필승의 신념을 갖고 있었다. 고려는 승리를 확신한 후 후백제의 화친제의를 거부하고 곧바로 공격에 나섰다.

후백제의 지휘부는 고려에 대해 화친제의를 한 후 대오를 편성하지 않는 등 방심하고 있었다. 후백제군은 진영과 보루를 제대로 편성하지 않고 있다가 고려군의 공격을 받았다. 유금필은 후백제가 대오를 편성하지 못한 허점을 노려 용감한 기병 수 천명을 거느리고 돌격하여 3천명을 죽이고, 술사(術士) 종훈(宗訓)과 의사(醫師) 훈겸(訓謙), 용장 상달(尙達)과 최필(崔弼) 등을 생포하였다.

후백제군은 기습을 받아 전투 한번 제대로 치르지 못하고 맥없이 무너져 대참패를 당하였다. 후백제가 운주 전투에서 대패를 당하자 웅진(熊津 : 금강) 이북지역의 30여 성이 일시에 고려에 투항하였다.[50] 이로 말미암아 후백제는 고려의 남하를 저지하는 북방의 전진기지 역할을 하였던 공주지역을 상실하였다.

---

49) 『高麗史』 권92, 列傳5, 庾黔弼.

50) 『高麗史』 권92, 列傳5, 庾黔弼.

제7장
후백제의 내분 발생과 멸망

1. 서남해지역 상실과 견훤의 망명

후백제는 왕건이 918년에 고려를 건국하면서 초래된 혼란을 틈타 웅주(공주)와 운주(홍성) 등 10여 주현을 차지하였는데, 934년 9월에 벌어진 운주 전투에서 패배하여 금강 이북지역을 모두 상실하였다. 후백제는 견훤이 직접 정예 병사인 갑사 5천 명을 거느리고 출전하였으나, 운주 전투에서 대패를 당하자 큰 충격에 휩싸였다.

후백제는 운주 전투의 패배에 따른 충격 속에서 70세를 바라보는 연로한 견훤의 후계문제를 둘러싸고 왕위계승분쟁이 일어났다. 신검은 935년 3월에 정변을 일으켜 견훤을 금산사에 유폐하고 이복 동생 금강을 죽인 후 왕위에 올랐다.

신검이 주도한 정변에는 양검과 용검을 비롯한 동복 형제와 능환(能奐) 등이 적극 참여하였다. 신검 등이 정변을 일으킨 직접적 계기는

A. 견훤은 아내를 많이 취하여 아들 10여 사람이 있었는데 넷째 아들 금강이 키가 크고 지략이 많아 견훤이 특별히 사랑해 그에게 왕위를 전해주려고 하자 그의 형 신검, 양검, 용검 등이 알고서 걱정과 번민을 하였다. 당시 양검은 강주도독, 용검은 무주도독으로 나가 있었고, 신검 만이 왕의 옆에 있었다. 이찬 능환이 사람을 강주, 무주에 보내 양검 등과 더불어 몰래 모의하였고, 청태(淸泰) 2년 봄 3월에 이르러 파진찬 신덕(新德)·영순(英順) 등이 신검에게 권하여 견훤을 금산사에 유폐시키고 사람을 보내 금강을 살해하였다.[1]

---

1) 『三國史記』 권50, 列傳10, 甄萱.

금산사 전경

라고 하였듯이, 견훤이 큰 아들 신검을 배척하고 어린 금강을 편애하였기 때문이다. 그 뿐만 아니라 견훤은 금강을 지지하는 일부 권신들의 주장을 받아들여 왕위를 넘겨주려고 하였다.

  신검과 그 형제들은 견훤의 의도를 알고 많은 번민에 휩싸이기 시작하였다. 신검의 의도를 알아차리고 정변을 치밀하게 준비한 인물은 이찬 능환이었다. 능환은 934년 후반 내지 935년 초부터 강주도독 양검과 무주도독 용검에게 사람을 보내 정변을 구체적으로 논의하기 시작하였다. 신검 일파는 935년 3월에 이르러 견훤을 금산사에 유폐하고 금강을 살해하는 등 반대파를 제거하고 정변에 성공하였다.

신검계와 금강계의 대립은 각각 광주와 전주에 세력기반을 둔 외척집단과 이와 결합된 호족세력 사이의 정치적 갈등에서 기인한 것으로 보고 있다.[2] 신검 형제와 금강은 서로 모계를 달리하는 이복형제 사이였는데, 두 사람의 왕위계승분쟁도 결국 두 외척집단 사이의 대립에서 비롯되었다.[3]

견훤은 각지의 호족들과 유대관계를 맺기 위하여 왕건과 마찬가지로 혼인정책을 이용하였다. 그 결과 견훤은 부인을 여러 명 두었고, 자식도 십여 명에 이르렀다.[4] 따라서 견훤의 자식들도 자신들의 외가와 연계하여 세력을 형성하였다.

신검의 정변에 참여한 인물은 양검과 용검 및 능환 외에 파친찬 신덕과 영순 등이었다. 후백제의 고위층과 용장들은 견훤의 친정(親政)에도 불구하고 대패한 운주 전투의 패배 원인을 국왕의 노쇠와 집권층의 분열에서 찾았다. 이는 『삼국유사』 견훤전에

   C. 왕이 연로하여 군국정요(軍國政要)에 어둡자 장자 신검이 부왕의 위(位)를 차지하니 제장(諸將)이 기뻐하여 축하하였다.[5]

---

2) 한편 사서에 보이는 金剛, 神劍, 須彌康이 동일한 인물이며, 『三國史記』와 『高麗史』 등에 "신검이 금강을 죽이고 즉위하였다"는 기록은 잘못이며 『三國遺事』에 인용된 古記에 단순히 "금강이 즉위하였다"라는 기록이 정확한 것으로 보는 견해도 있다(朴漢卨, 1973, 「後百濟 金剛에 대하여」, 『大邱史學』 7·8合, 18쪽).

3) 申虎澈, 1993, 앞의 책, 152쪽.

4) 『三國史記』 권50, 列傳10, 甄萱.

5) 『三國史記』 권50, 列傳10, 甄萱.

라고 하였듯이, 제장들이 신검의 즉위를 환영하였던 분위기를 통해 알 수 있다.

신검은 노쇠한 견훤이 권신의 농간에 말려 국정을 제대로 챙기지 못하고 운주 전투에서 패배한 후유증에 시달리자 조야의 반감을 이용하여 정변을 성공으로 이끌 수 있었다. 운주 전투의 패배는 정권의 핵심을 장악하고 있던 금강계의 정치적 입지의 약화를 초래하였으며, 신검계는 운주 전투의 패배에 대한 책임을 금강과 그 추종세력에게 전가하였다.

신검은 왕위에 오른 후 국내의 불만세력을 회유하고 포섭하기 위하여

D. 신검이 대왕을 자칭하면서, 국내에 대사면령을 내리었는데 그 교서는 다음과 같다. "여의(如意)가 특별히 총애를 입었으나 혜제가 임금이 될 수 있었고, 건성(建成)이 외람되이 세자의 위치를 차지하였으나 태종이 일어나 즉위하였으니, 천명은 바꿀 수 없고 왕위는 돌아갈 곳이 있다. 삼가 생각하건대, 대왕의 신령스런 무예는 뭇 사람을 훨씬 뛰어 넘었으며, 영특한 꾀는 옛날에 비추어도 우뚝하였다. 쇠퇴기에 태어나 세상을 다스림을 자임하고 삼한 땅을 순회하여 백제를 부흥하고 도탄을 제거하여 백성을 편안하게 살게 하였으므로 즐거워 북치고 춤추는 것이 바람과 번개처럼 나타났고, 멀리와 가까이에서 발 빠르게 달려와 이룬 업적이 거의 중흥에 이르렀다. 지혜롭고 사려가 깊었으나 문득 한번 실수하여 어린 아들을 편애하고 간신들이 권력을 조롱하고 대왕을 진(晉)나라 혜제(惠帝)의 어두움으로 인도하여 어진 아버지를 헌공(獻公)의 의혹에 빠지게 하여 왕위를 어리석은 아이에게 거의 줄 뻔하였는데 다행스러운 것은 하느

님께서 진실한 마음을 내리시어 군자에게 허물을 고치게 하시고 맏아들인 나에게 명하여 이 한 나라를 다스리게 하셨다. 돌아다보건 대, 나는 뛰어난 재목이 아니니 어찌 임금에 앉을 지혜가 있으리오 마는 조심하고 조심하여 마치 얼음이 언 연못을 밟고 건너는 듯하 다. 마땅히 특별한 은혜를 실시하여 유신지정(維新之政)을 펼쳐 보 이고자 국내에 대사면령을 내린다. 청태 2년 10월 17일 새벽을 시점 으로 하여 이미 발각된 일이나 아직 발각되지 않은 일, 그리고 이미 처분된 것이나 처분되지 않은 것이나 큰 죄 이하의 모든 죄는 다 용서하여 사면하니 맡은 자는 이대로 시행하라!"[6]

라고 하였듯이, '유신정치(維新政治)'를 표방하고 반대파들을 대사(大 赦)하는 등 정치개혁을 단행하였다. 또한 신검은 후당에 사절을 파견하 여 자신의 지위를 국제적으로 인정받고자 하였다.[7]

그러나 견훤의 금산사 유폐와 신검의 즉위에 반대한 호족들도 적지 않았다. 후백제를 건국하여 40여 년 이상 동안 왕위에 있었던 견훤마저 금산사를 935년 6월에 탈출하여 고려에 투항하는 변고가 발생하였다. 견훤은 막내 아들 능예(能乂), 딸 애복(哀福), 애첩 고비(姑比) 등을 데리 고 나주에 이르러 고려에 귀부를 청하였다.

나주를 비롯한 서남해지역은 후백제가 927년 11월에 벌어진 공산 전투에서 왕건이 이끈 고려군 5천을 전멸시킨 후 후백제가 차지하였다. 후백제는 공산 전투에서 승리한 후 928년과 929년 두 해에 걸쳐 경상지 역을 휩쓸면서 강주(진주)지역과 오어곡성(군위), 의성부(의성)와 순주

---

6) 『三國史記』 권50, 列傳10, 甄萱.

7) 申虎澈, 1993, 앞의 책, 166쪽.

성(안동) 일대에서 벌어진 전투에서 연전연승을 거두었다. 후백제는 경상지역을 석권하면서 나주를 비롯한 서남해지역마저 차지하는 쾌거를 이룩하였다.

그러나 후백제는 신검의 즉위과정에서 초래된 왕위계승분쟁을 전후하여 서남해지역을 고려에 상실하고 말았다. 왕건은 신검계와 금강계가 대립한 틈을 이용하여 『고려사』유금필전에

E. 18년에 태조가 여러 장군들에 아뢰기를, "나주계의 40여 군은 나의 번리(藩籬)가 되어 오래 풍화에 젖었으므로 일찍이 대상 견서·권직·인일 등을 보내서 진무하도록 하였는데 근자에 백제에게 겁략당한 바 되어 6년 동안 해로가 통하지 않으니 누가 나를 위하여 진무할 것인가?"라고 하였다. 홍유, 박술희 등이 아뢰기를, "제가 비록 용맹하지는 못하나 장수의 한 사람으로 보충하여 주시기 바랍니다"라고 하였다. 태조가 말하기를, "대체로 장수가 되려면 백성들의 마음을 얻는 것이 귀중하다"라고 하였다. 공훤, 대광 제궁 등이 아뢰기를, "금필이 책임자입니다"라고 하자 태조가 말하기를, "나 역시 벌써 그렇게 생각하였다. 그러나 근자에 신라의 길이 막혔을 때 유금필이 가서 그것을 열었는데 나는 그 수고를 생각하고 감히 다시 명령하지 못하고 있다"라고 하였다.
이때 유금필이 아뢰기를 "저의 나이는 이미 늙었으나 이것은 국가의 대사인데 감히 있는 힘을 다 바치지 않겠습니까" 라고 하였다. 태조가 기뻐서 눈물을 흘리며 말하기를, "그대가 만일 이 명령을 받는다면 이보다 더 기쁜 일이 어디 있겠는가?"라고 하였다.
드디어 유금필을 도통대장군(都統大將軍)으로 임명하고 예성강까지 가서 송별하였으며, 어선(御船)을 주어서 보냈다. 왕은 3일간 그

대로 체류하면서 유금필이 바다에 나갈 때까지 기다려서 환궁하였다. 유금필이 나주에 가서 정벌하고 돌아올 때에도 태조는 또 예성강까지 나가 맞이하고 위로하였다.[8]

라고 하였듯이, 역전의 맹장 유금필을 파견하여 서남해지역을 공략하여 성공리에 회복하였다.

견훤이 금산사에서 탈출하여 나주로 내려간 것은 고려가 서남해지역을 회복한 직후였다. 견훤의 부친 아자개가 후백제를 등지고 고려를 택한데 이어, 견훤마저 신검에게 복수를 다짐하며 고려로 투항하였다. 견훤 가문의 3대에 걸쳐 애증이 점철된 비극적인 가족사였다.

왕건은 견훤이 투항하자 유금필과 만세 등으로 하여금 군함 40척을 거느리고 바닷길로 가서 맞이하게 하였다.[9] 견훤이 개경으로 오자 왕건은 그를 상부(尙父)라고 부르며 우대하였고, 품계는 백관의 위에 있게 하였다. 또한 왕건은 견훤에게 양주(楊州)를 식읍으로 주고, 금과 비단 그리고 노비 각 40인과 말 10필을 하사하고 후백제 출신 신강(信康)을 아관(衙官)으로 삼아 보좌케 하는 등 극진하게 대우하였다.[10]

왕건이 견훤을 각별히 우대한 것은 민심을 모으는 데 큰 도움이 되었고, 후백제의 내부 분열을 촉진하려는 목적 때문이었다.[11] 후백제는 견훤이 신검을 버리고 고려로 넘어가자 호족들의 이반이 가속화되었다. 견훤이 고려로 넘어가자 그의 사위이며 순천지역에 기반을 두고

---

8) 『高麗史』권92, 列傳5, 庾黔弼.

9) 『高麗史』권1, 世家1, 太祖 3年 正月.

10) 『高麗史』권1, 世家1, 太祖 3年 正月.

11) 朴漢卨, 1993, 「고려의 건국과 호족」, 『한국사』12, 국사편찬위원회, 37쪽.

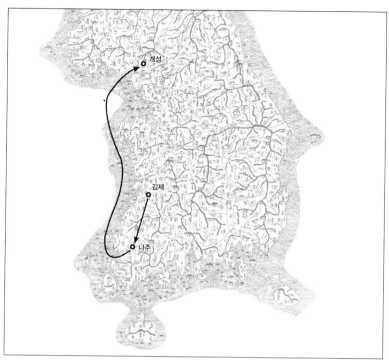

견훤의 망명 루트 | 견훤은 김제 금산사를 탈출한 후 나주를 거쳐 바닷길을 통해 고려로 망명하였다.

있던 박영규가 투항하는 등 후백제는 심각한 내분 상황이 초래되었다.

박영규는 왕건에게 사람을 보내 고려가 후백제를 치게 되면 내응하겠다는 의사를 타진하였다. 박영규가 신검을 버리고 고려로 투항한 것은

F. 견훤의 사위 장군 영규가 그의 부인에게 은밀히 말하였다. "대왕께서 부지런히 힘쓴 지 40여 년에 공들인 업적이 거의 이루어졌는데 하루 아침에 집안 사람의 화로 인하여 설 땅을 잃고 고려에 투항하였다. 대저 정조 있는 여자는 두 남편을 섬기지 않고 충신은 두 임금을

섬기지 않는다고 하는데 만약 자기의 임금을 버리고 반역한 아들을 섬긴다면 무슨 얼굴로 천하의 의로운 사람들을 볼 수 있으리오? 하물며 고려의 왕공께서는 마음이 어질고 후하며 근면하고 검소하여 민심을 얻었다고 듣고 있으니 이는 아마 하늘이 인도하여 도와주는 것으로서 반드시 삼한의 주인이 될 것이니 편지를 보내 우리 왕을 문안 위로하고 겸하여 왕공에게도 겸손하고 정중함을 보여 장래의 복을 어찌 도모하지 않으리오?"

그 아내가 말하기를 "그대의 말이 곧 내 뜻과 꼭 부합하오." 하였다. 이에 천복(天福) 원년 2월에 사람을 태조에게 보내 뜻을 고하기를 "만약 정의로운 깃발을 드신다면 청컨대 내응하여 왕의 군대를 맞이하겠습니다." 하니, 태조가 크게 기뻐하여 그 사신에게 후하게 물건을 주어 보내면서 겸하여 영규에게 사례하면서 말하였다. "만약 은혜를 입어 하나로 합쳐지고 도로의 막힘이 없다면, 먼저 장군을 찾아 뵙고 인사드리고 그런 후에 집에 들려 부인을 배알하고 형처럼 섬기고 누나처럼 받들겠으며 반드시 끝내 두터이 보답하겠습니다. 하늘과 땅의 귀신이 모두 이 말을 들을 것입니다."[12]

라고 하였듯이, 견훤의 폐위에 반발하고 신검의 즉위를 부정하였기 때문이었다. 박영규는 후백제의 패망을 목전에 두고 견훤에 대한 변치 않는 충절을 내세우며 고려에 투항하였다. 박영규는 '후백제'가 아니라 자신이 모셨던 국왕 '견훤'에 대한 의리와 불사이군(不事二君)을 지키겠다는 명분을 내세우며 고려로 귀부하였다.

그러나 박영규가 왕건에게 항복한 것은 대의명분보다는 대세가 이미 고려로 기운 상황을 직시하여 자신이 호족으로서 차지하고 있던 기득

---

12) 『三國史記』 권50, 列傳10, 甄萱.

권을 보호하기 위해서였다. 이 것은 왕건이 호족세력을 적극적으로 포섭하고 우대한 호족융합정책의 성과이기도 하였다.

박영규의 투항은 전남 동부지역 호족세력의 향배에 결정적인 영향을 끼쳤다. 후백제는 신검의 즉위 이전에 나주지역을 상실한 데 이어 전남 동부지역에서 큰 영향력을 발휘하던 박영규마저 고려로 귀부하자, 배후의 보루기지를 상실하고 말았다. 또한 신검정권은 서남해의 제해권을 잃고, 그 연안지방도 상실하게 되었다.

이로써 전남지역은 광주를 비롯한 내륙지역 만이 신검정권의 지배하에 있었고, 그 나머지 지역은 모두 고려의 영향력 하에 들어가게 되었다. 또한 강주(진주)지역의 호족들도 해상활동이 생활의 터전이 되었기 때문에 왕건이 서해와 남해의 제해권을 장악하자 자연스럽게 고려에 복속되었다.

강주지역의 호족세력은 해상활동을 통하여 성장하였기 때문에 제해권을 장악한 국가에 밀착할 수밖에 없었다. 강주를 비롯한 경남 서남부의 해상세력은 고려가 나주와 순천 등을 차지하면서 제해권을 장악하자 고려를 지지하게 되었다.

2. 일리천 전투의 패배와 후백제의 멸망

후백제는 934년에 벌어진 운주 전투 이후 금강 이북지역과 서남해지역 및 강주지역을 상실하였다. 후백제는 전북지역과 무주를 비롯한 전남의 내륙지역 및 선산·칠곡·김천·성주·고령·함천·거창·거창 함양 등 경상지역 일부를 겨우 유지하였다.

후백제와 고려의 대결은 막바지로 접어들었고 양국은 경상지역에서 최후의 결전을 벌이게 되었다. 왕건은 후백제가 운주 전투와 견훤의 투항 이후 급격히 무너지자 최후의 토벌전쟁을 준비하였다. 왕건은 936년 5월에 이르러

    A. 여름 6월에 견훤이 아뢰었다. "늙은 이 신하가 전하에게 몸을 바친 것은 전하의 위엄을 빌려 반역한 자식을 목 베기를 원해서입니다. 엎드려 바라옵건대 대왕께서는 신령스러운 군사를 빌려주어 그 난신적자를 없애주신다면 신은 비록 죽어도 유감이 없을 것입니다." 태조가 이에 따랐다.[13]

라고 하였듯이, 견훤의 주장을 받아들여 난신적자 토벌을 명목으로 후백제 정벌에 나섰다.

왕건은 먼저 태자 무(武)와 장군 박술희에게 보병과 기병 1만 명을 주어 천안부로 내려가게 하였다.[14] 천안부는 의성부와 더불어 고려가 경상지역을 총괄하는 전략적 거점으로 삼은 곳이었다. 천안부의 치소는 잘 알 수 없지만 경북 칠곡과 군위, 선산 일원을 관할한 것으로 판단된다.

고려가 천안부를 설치한 것은 930년 정월에 고창 전투에서 승리한 후 낙동강 동안지역에서 후백제군을 축출한 이후였다. 고려는 안동부와 의성부 및 천안부를 설치하여 후백제가 낙동강을 건너 그 동안지역으로 진출하는 것을 견제하였다. 그 중에서 천안부는 후백제군이 추풍

---

13) 『三國史記』 권50, 列傳10, 甄萱.

14) 『高麗史』 권2, 世家2, 太祖 19年 6月.

령을 넘어 와 김천과 선산을 거쳐 군위와 칠곡 일대로 진출하는 루트를 방어하는 거점이었다.

천안부는 대목군(大木郡)과 동서두솔(東西兜率)을 합하여 설치되었는데, 대목군은 낙동강 서안에 위치한 칠곡면 약목면에 해당된다. 동서두솔은 정확인 위치는 알 수 없지만 강을 경계로 하여 각각 동쪽과 서쪽에 위치하였던 동두솔과 서두솔을 합친 명칭으로 추정된다. 따라서 동두솔은 약목면 북쪽에 위치한 오늘날의 구미 시내 부근과 낙동강 동쪽의 군위읍 일대가 해당되는 것으로 판단된다. 또한 천안부의 치소는 낙동강 동쪽의 칠곡 부근에 위치하였을 가능성이 높다.[15]

고려의 태자 무와 박술희는 선봉부대 1만을 거느리고 천안부로 내려와 진영을 설치하고 후백제군의 동향을 주시하였다. 그로부터 넉 달 뒤에 왕건은 삼군을 통솔하고 충주에서 계립령을 넘어 문경과 상주, 선산을 거쳐 칠곡으로 내려왔다.

왕건은 칠곡 부근에서 전력을 재편한 후 선산을 거쳐 추풍령을 넘어 전주로 진격하려고 하였다. 선산은 후백제가 낙동강 동안으로 진출하는 데 필요한 전초기지 역할을 하였다. 후백제는 선산을 비롯하여 김천, 금릉, 성주, 고령 등의 경북 서남부지역과 거창, 합천, 함양, 산천 등의 경남 서북지역을 확보하고 있었다. 그 나머지의 경상지역은 고려가 모두 석권하였다. 고려는 935년 10월에 신라 경순왕의 항복을 받아들여 경주와 그 인근지역까지 차지하였다.[16]

---

15) 이는 왕건이 고려군을 이끌고 내려와 태자 武가 이끈 선봉군과 합군한 후 칠곡군 해평면의 태조산에 주둔한 사실을 통해 입증된다(『新增東國輿地勝覽』권29, 善山都護府 山川).

16) 『三國史記』권12, 新羅本紀12, 敬順王 9年.

왕건이 10만 대군을 거느리고 천안부로 내려오자 신검도 휘하 장졸을 소집하여 소백산맥을 넘어 경상지역으로 출전하였다. 그리하여 양군은 선산의 일리천(一利川) 부근에서 최후의 승패를 가리게 되었다. 일리천은 일리군으로 불렸던 구미시 인동면에 위치한 낙동강의 지류인 감천(甘川)으로 추정된다.[17]

고려군은 일리천으로 진격하면서 견훤을 진두에 세워 난신적자를 토벌한다는 대의명분이 있었기 때문에 사기가 충천하였다. 그 반면에 후백제는 예기치 못한 견훤의 출현으로 말미암아 동요가 일어났다. 또한 양국의 전력도 고려가 훨씬 우세하였다. 후백제는 지방의 호족들이 이탈하여 후삼국의 성립 이후 우위를 지켰던 군사력 면에서도 열세에 처하게 되었다.

후백제는 지방 출신의 호족뿐만 아니라 전주지역의 호족도 신검정권에게 등을 돌리면서 최후의 순간을 맞이하게 되었다. 전주지역의 호족들은 신검의 일부 측근을 제외하고는 제거된 금강을 지지한 사람들이 많았다. 이들은 광주지역 호족들에 기반을 둔 신검보다는 전주지역의 호족을 외척으로 둔 금강을 지지하였던 것이다.[18]

후백제군은 병력 동원에서 절대적으로 열세에 처하였고 사기마저 크게 떨어진 상태에서 결전에 임하였다. 그 반면에 고려는 중앙군 외에 지방 호족의 병력까지 총동원하였을 뿐만 아니라 유금필이 지휘하는 흑수·달고·철륵 등 북방민족의 병사 9천 5백 명을 참전시켜 8만 6천

---

17) 감천은 김천에서 발원하여 선산읍과 고아읍 사이로 흘러내려 낙동강 본류와 합류된다. 일리군은 신라가 통일한 후 星山郡으로 개명되었는데(『三國史記』 권34, 地理1, 康州), 그 후에도 옛 이름인 일리군으로 계속 불렸다.

18) 申虎澈, 1993, 앞의 책, 153쪽.

7백 명이나 되었다.[19]

후백제는 전력의 열세를 감안하여 신검이 직접 대군을 이끌고 고려 군과 대적하게 되었다. 후백제와 고려 양군은 낙동강을 경계로 하여 각각 군진을 설치하고 대치하였다. 후백제군은 구미의 금오산성과 그 주변에 포진하였고, 고려군은 낙동강 건너편의 칠곡군 해평면 낙산리 뒤쪽에 위치한 해발 691m의 냉산(冷山 : 일명 太祖山)과 그 주변에 본영을 설치하였다.[20]

후백제군은 금오산을 배후기지로 하여 동북 방향을 향해 진을 쳤고, 고려군은 태조산을 등지고 서남쪽을 향해 포진하였다. 후백제는 금오산에 본영을 설치하여 낙동강의 수로와 고려군의 포진 상태를 관찰하였고, 고려군은 태조산의 본영에서 후백제군의 동태를 감시하였다.[21]

일리천 전투는 고려군이 본진을 벗어나 낙동강 강변에 위치한 원촌 (여지마을)의 여지나루를 건너 선산읍 방향으로 진출하면서 서막이 올랐다. 여지나루는 강폭이 대략 700m 정도 되는 곳이지만, 일리천 전투가 벌어진 9월(음력)이 갈수기였기 때문에 큰 어려움 없이 도강할 수 있었다.

일리천은 현재의 구미시를 양단하며 북에서 남으로 흐르는 금오산 자락의 낙동강 상류지역이 해당된다. 낙동강은 강원도 태백 함백산에

---

19) 『高麗史』 권2, 世家2, 太祖 19年 9月. 그러나 『三國史記』 甄萱傳에는 고려의 병력이 10만 7천 5백 명으로 기록되어 있다.

20) 정경현, 1990, 「고려 태조의 일리천 戰役」, 『한국사연구』 68 ; 유영철, 2001, 「일리천전투와 후백제의 패망」, 『대구사학』 63.

21) 『新增東國輿地勝覽』 권29, 善山都護府 山川조에 의하면 태조산은 고려의 태조 왕건이 후백제를 칠 때, 이곳에 주둔하여 태조산으로 부르게 되었다는 기록이 남아 있다.

서 발원하여 안동과 상주를 거쳐 선산에 이르러 감천과 합류된다. 낙동
강은 안동에서 상주 구간은 횡류(橫流)하며, 구미의 낙단대교에 이르러
북에서 남으로 흐르는 남류(南流)로 바뀌게 된다. 이 부근에서 낙동강
본류와 감천이 합류하는 데, 낙동강 서쪽 강변에 위치한 어갱이들(구미
시 지산동)과 덤갱이들(고아읍 괴평리) 일대에서 전투가 벌어졌다.

일리천 전투의 무대가 되었던 어갱이들과 덤갱이들은 폭 5~6㎞에
60만 평 정도의 넓은 평지를 이루고 있다. 오늘날은 낙동강 강변의 치수
정리사업이 잘 되어 평지로 되었지만, 당시에는 강변의 저습지 또는
구릉에 가까운 지형을 이루었을 가능성이 높다.

고려의 선봉부대는 낙동강을 건넌 후 남쪽의 금오산 일대에 포진한
후백제 진영을 향해 내려갔다. 고려군이 후백제군을 치기 위해서는 낙
동강의 지류인 감천을 건너야 하였다. 고려군과 후백제군은 감천을 사
이에 두고 남북으로 대치하게 되었다. 고려군이 여지나루를 건너 선산
읍 일대를 장악하고, 다시 이곳에서 감천(일리천)을 도강하여 남하하면
서 양군 사이에 결전이 벌어지게 되었다.[22]

고려의 선봉부대는 대장군 공훤(公萱)과 장군 왕함윤(王含允)이 군사
14,300명을 이끌고 맡았다. 그 중에서 기병이 3백 명이었고 나머지는
여러 지역에서 동원된 군사들로 구성되었다. 고려의 선봉부대가 도강
에 성공하자 후속부대들이 그 뒤를 따랐다.

대상 견권(堅權)이 기병 1만·원윤 능달(能達)이 보병 1만을 이끌고
좌익을 맡았고, 대상 김철(金鐵)이 기병 1만·원윤 삼순(三順)이 보병

---

22) 일리천 전투의 무대가 되었던 선산지역의 지정학적 조건과 전투의 전개양상
에 대해서는 다음의 기행문을 참조하였다(정태순, 2006, 「후삼국 통일의 결
전 일리천 전투」, 『월간조선』).

204

1만을 인솔하여 우익이 되었다. 그리고 대광 순식(順式)이 기병 2만·금 필(黔弼)이 흑수(黑水)·철리(鐵利)의 날랜 기병 9,500·정조 애진(哀珍) 등이 보병 3천을 이끌고 중군을 맡았다.[23]

고려군의 군세는 기병이 5만 명을 상회하였고, 그 나머지는 보병으로 이루어졌다. 특히 유금필이 이끈 흑수·철리의 철기 9,500명의 전투력 은 매우 뛰어났다. 고려군이 도강하여 공격을 시작하자 후백제군도 군 진을 펼쳐 대응에 나섰다.

그런데 양군 사이에 본격적인 전투가 벌어지기 전에 후백제의 좌장 군 효봉(孝奉)과 장군 덕술(德述), 명길(明吉) 등이 고려에 투항하는 예기 치 못한 사태가 발생하였다. 효봉 등은 고려의 군세가 대단하고 잘 정비 된 것을 보고 전투 의지를 상실하고 말았다.

그리하여 효봉은 투구를 벗고 창을 던져 버리고 견훤이 머물고 있던 고려군의 좌익 진영 앞에 이르러 항복하였다. 효봉이 견훤에게 투항한 것은 고려군의 강력한 병세에 위압된 측면도 무시할 수 없지만, 신검정 권에 대한 후백제의 호족과 장군들의 반발 심리를 보여주는 증거로 판단된다.

후백제군은 효봉 등이 투항하자 사기가 크게 떨어져 전의가 상실되 고 말았다.[24] 고려군은 효봉 등을 통해 후백제군의 배치상태와 지휘부 의 위치 등을 정확히 파악할 수 있게 되었다. 효봉은 고려에 투항한 후 왕건에게 "신검이 중군에 있으니 좌우로 공격하면 반드시 격파할 수 있다"[25]라고 하면서 후백제군의 진용 상태를 구체적으로 진술하였

---

23) 『高麗史』 권2, 世家2, 太祖 19年 9月.

24) 『高麗史』 권2, 世家2, 太祖 19年 9月.

다.

왕건은 신검이 중군 진영에 머물고 있음을 파악하고, 선봉을 맡고 있던 대장군 공훤에게 명하여 그곳을 집중 공격하게 하였다. 왕건은 선봉부대 외에도 전군에게 일제히 후백제의 중군을 향해 진격하여 협공하도록 지시하였다.

후백제군은 신검이 머무르고 있던 중군이 고려군의 집중 공격을 받아 무너지면서 대패하고 말았다. 후백제군은 지휘부가 무너지면서

    B. 적들은 창끝을 돌려 저희들끼리 서로 공격하였다.[26]

라고 하였듯이, 내분이 발생하여 자멸에 이르렀다. 그 결과 흔강(昕康), 견달(見達), 은술(殷述), 금식(今式), 우봉(又奉)을 비롯하여 3,200명이 포로가 되고 5,700명이 전사하였다.

신검은 패잔병을 이끌고 김천에서 추풍령을 넘어 영동 – 금산을 거쳐 논산의 연산 방면으로 후퇴하였다. 신검은 패잔병을 수습하여 황산군(黃山郡 : 충남 논산시 연산면)에서 전열을 정비하였다. 신검은 전주로 돌아가지 않고 연산에서 전열을 재편한 후 부여와 대전, 영동, 금산 등에 배치된 병력을 규합하여 반격을 꾀하였다.

한편 왕건도 패주하는 후백제군을 추격하여 탄령(炭嶺)을 넘어 황산 부근의 마성(馬城)에 주둔하였다. 탄령은 삼국시대에 신라의 김유신이 5만 대군을 이끌고 황산벌로 진군하는 과정에서 넘었던 탄현(炭峴)으로

---

25) 『高麗史』 권2, 世家2, 太祖 19年 9月.

26) 『高麗史』 권2, 世家2, 太祖 19年 9月.

추정된다. 탄현의 위치에 대해서는 완주군 운주면 삼거리, 대전 동쪽의 마도령, 금산군 진산면 숯고개 등으로 보고 있다.[27] 그러나 후백제군은 일리천에서 패전한 후 연산지역으로 후퇴하면서 가장 가까운 통로인 영동-금산-진산-연산 루트를 이용했을 가능성이 높다.

고려군은 후백제군을 쫓아 영동에서 금산을 거쳐 연산지역으로 진입하여 마성에 주둔하였다. 후백제군도 마성과 인접한 지역에 거점을 마련하고 고려군을 기다렸을 것이다. 후백제는 금산에서 황산벌이 위치한 연산지역으로 들어오는 고려군을 방어하기 위하여 좁은 협곡이나 고개에 축조된 산성을 활용하였다.

삼국시대에 백제는 탄현에 일차적인 방어망을 구축하고, 그 배후에 해당되는 연산 일원에 황령산보루, 깃대봉보루, 산직리산성, 국사봉보루, 모촌리산성, 외성리산성 등을 1열 횡대의 학익진(鶴翼陣) 형태로 배치하였다. 그리고 이들 산성들을 통솔하기 위하여 함지산 밑에 황산성을 축조하여 신라의 공격에 대비하였다.[28]

연산지역은 대둔산, 도솔산, 천호산, 계룡산이 연이어 있어 '연산(連山)'이라는 지명이 생겨날 정도였다.[29] 백제는 이들 능선을 따라 산성들을 동심원상으로 배치하여 전북 완주, 금산 진산, 대전의 세 방향에서 침입할 수 있는 신라의 공격에 대비하였다.

---

27) 탄현의 위치에 대해서는 완주군 운주면 삼거리의 탄현으로 보는 견해, 충남과 충북의 경계인 옥천·증약·세천·대전으로 통하는 마도령으로 보는 견해, 금산군 진산면 숯고개로 생각하는 견해, 대전 동쪽의 식장산으로 보는 견해 등이 있다. 탄현의 위치비정에 대한 연구사 정리는 成周鐸, 1990, 「백제 탄현 소고」, 『백제논총』 2집, 12~13쪽을 참조하길 바란다.

28) 文安植, 2006, 앞의 책, 462쪽.

29) 成周鐸, 2002, 앞의 책, 166~167쪽.

논산시 연무읍 금곡리에 위치한 견훤묘의 전경

　후백제도 전날의 백제와 마찬가지로 연산지역의 성곽을 거점으로
방어에 나섰을 것이다. 계백이 5천 결사대를 이끌고 김유신이 인솔한
신라 5만 대군에 맞서 초전에 4차례 싸워 연승한 사실은 후백제군의
귀감이 되었다.

　후백제는 왕건이 이끈 고려군이 김유신의 신라군과 마찬가지로 탄령
을 넘어오자 최후의 순간이 다가옴을 직감하였다. 왕건은 탄령을 넘어
마성에 본진을 설치하였고, 그 주변 능선과 평지에 고려군의 진영을
설치하였다.

　후백제는 연산지역이 무너지면 수도 전주까지는 별다른 장애물 없이
거의 평지를 통해 일사천리로 밀리게 되기 때문에 최후의 선택을 해야
하였다. 신검은 전력의 절대적인 열세와 땅에 떨어진 사기를 감안하여
더 이상 저항이 불가능함을 깨닫고 아우 양검·용검과 문무 관료들을

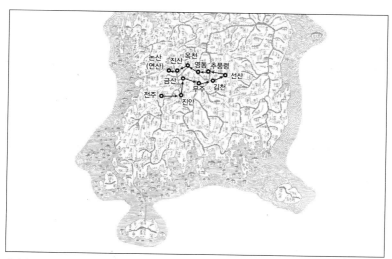

후백제군의 일리천 전투 진격로와 후퇴로 | 후백제는 신검이 직접 대군을 이끌고 선산 일리천 전투에 참전하였다. 신검은 고려군에 대패를 한 후 패잔병을 수습하여 추풍령을 넘어 금산을 거쳐 논산 황산벌에서 최후의 일전을 준비하였다. 그러나 후백제는 전력의 열세를 극복하지 못하고 고려에 항복하여 역사의 장막 너머로 사라지게 되었다.

데리고 항복하였다.

신검은 대부분의 지역을 고려에 상실하였고, 부친 견훤과 매부 박영규의 투항을 계기로 대부분의 호족들이 등을 돌린 상태에서 항복을 선택할 수밖에 없었다. 신검은 지방 호족세력의 지지를 상실한 상태에서, 전주지역 호족세력의 지지도 받지 못했기 때문에 힘없이 무릎을 꿇고 말았다.[30]

왕건은 신검의 항복을 받아들여 더 이상 피를 흘리지 않고 전주에 무혈입성하게 되었다. 신검이 최후의 결전을 포기하고 항복함으로써 후백제의 관할지역은 전란의 참화로 인한 잿더미 신세를 면할 수 있었다. 왕건은 전쟁이 종식되자 일리천 전투에서 사로잡은 후백제의 포로

---

30) 김주성, 2001, 앞의 글, 184쪽.

를 석방하여 고향에 돌아갈 수 있도록 조치하였다.

그러나 왕건은 신검을 앞세워 정변을 주도한 양검과 용검 형제 및 능환은 사형에 처하였다. 능환은 송악으로 압송된 후 정변의 배후 주도 세력으로 지목되어 처형되었고, 양검과 용검은 진주(眞州 : 충북 진천)로 유배된 후 사형에 처해졌다.[31]

후백제의 국왕이었던 신검은 죽음을 면할 수 있었다. 왕건은 신검이 왕위를 차지한 것은 남의 협박에 의한 것이며, 또 목숨을 바쳐 처벌을 청했다는 명분을 내세워 사형을 면제시켜 주었다.[32] 왕건은 민심이 이반되고 호족들의 지지를 상실한 신검이 위협적인 존재가 되지 못했기 때문에 살려주었다. 이로써 후백제는 891년에 건국된 지 2대 45년 만에 멸망하고 말았다.

한편 견훤은 왕건이 신검을 토벌한 후 근심과 번민에 시달린 끝에 황산(黃山)의 절간에서 등창으로 죽었다.[33] 견훤의 번민은 권좌에서 밀어낸 신검에 대한 관대한 처분 때문으로 볼 수도 있다. 그러나 견훤은 자신이 세운 후백제의 허망한 멸망과 자식들의 비참한 말로를 보고 회한에 잠겼을 것이다. 그리하여 견훤은 70세 노구를 이끌고 황산의 절간[34]에 머물러 있다가 삶을 마감한 것으로 판단된다.

---

31) 『高麗史』 권2, 世家2, 太祖 19年 9月.

32) 『三國史記』 권50, 列傳10, 甄萱.

33) 『高麗史』 권2, 世家2, 太祖 19年 9月.

34) 왕건은 신검을 격파하고 삼국을 통일한 것을 기려 황산을 천호산으로 개칭 하였다. 견훤이 쓸쓸히 최후를 마친 황산에 있던 절간은 개태사로 추정되는 데, 조선시대에 이르러 퇴락하여 폐사로 있던 것을 1930년대에 중창하여 오 늘날에 이르고 있다.

제8장 맺음말

본서는 후백제의 건국부터 시작하여 패망에 이르는 과정을, 전쟁을 주제로 하여 7장으로 구분하여 살펴보았다. 본문에서 서술한 내용을 요약하여 정리하는 것으로 결론에 대신하고자 한다.

제1장에서는 견훤의 거병과 후백제 건국에 대하여 살펴보았다. 신라의 쇠퇴와 호족의 성장, 견훤의 거병과 무진주 장악 과정을 중심으로 검토하였다. 견훤은 상주지역의 호족인 아자개의 큰 아들로 태어나 신라군에 입대한 후 남해안의 순천만 일대를 지키는 하급 장교로 파견되었다. 견훤이 주둔한 곳은 순천의 해룡산성과 광양의 마로산성 등으로 추정된다.

그는 주위의 신망을 받아 따르는 무리가 늘어나자 892년(진성여왕 6)에 거병하였다. 견훤이 이끈 병력은 양길이나 기훤의 초적 집단과는 달리 자신의 지휘 하에 있던 지방군이 중심이 되었다. 또한 전남 동부지역의 호족들도 신라의 권위가 땅에 떨어지고 각지에서 군웅이 할거하는 시대를 맞이하여 견훤에게 자신들의 장래와 운명을 맡겼다.

견훤은 거병에 성공한 후 무진주(광주)로 진격하여 후백제 건국의 기틀을 마련하였다. 견훤이 후백제를 건국한 후 무진주는 정치와 군사의 중심지가 되었다. 무진주의 치소는 광주광역시 금남로와 충장로 일대였으며, 무등산 잣고개에 위치한 무진고성은 배후산성으로 활용되었다. 견훤의 무진주 진출은 토착호족과 큰 갈등이나 대립이 없이 순탄하게 이루어졌다. 이곳의 호족들은 후삼국의 치열한 전란 와중에 다른 지역과는 달리 최후까지 후백제와 운명을 같이 하였다.

견훤은 광주에 근거지를 마련한 후 국가체제의 정비와 같은 행정적인 문제보다는 지배영역을 확장하는 데 주력하였다. 견훤은 전주로 천도하기 이전까지 백제부흥을 표방하면서 전남지역의 호족과 밀접한 관계를 맺었다. 그러나 견훤은 아직 설관분직(設官分職)하여 칭왕하는 단계에 이르지 못하고 '신라서면도통(新羅西面都統)'이라 자처하였으며, 중국 오월(吳越)에 사절을 파견하여 그 지위를 대외적으로 인정을 받고자 하였다.

제2장에서는 후삼국의 정립과 후백제의 영역확장에 대하여 검토하였다. 후백제의 완산주 천도와 국가체제의 정비 과정을 먼저 살펴보고, 경상지역에서 후백제의 동진정책과 마진 남진정책이 충돌한 과정을 순차적으로 고찰하였다.

견훤이 광주를 차지하여 기세를 떨칠 무렵 북원의 양길과 죽주의 기훤도 큰 영향력을 행사하였다. 견훤은 이들에 비하여 거병은 조금 뒤쳐졌지만 광주를 장악하여 후백제 건국의 기틀을 마련하는 등 가장 뛰어난 역량을 발휘하였다. 그러나 궁예가 894년에 자립하여 눈부신 성장 끝에 중부지역의 패자로 등장하면서 변화가 일어났다.

궁예는 5년에 불과한 짧은 기간 동안에 양길과 기훤 등의 유력한 호족을 제압하고 소백산맥 이북지역을 석권하였다. 그 반면에 견훤은 금강 이남지역을 장악한 상태에서 정체를 벗어나지 못하였으며, 배후에 위치한 서남해지역마저 복속하지 못한 상태였다.

견훤은 900년에 이르러 호남의 중심지이며 백제 계승의식이 보다 강렬한 완산주(전주)로 근거지를 옮겨 면모를 일신하였다. 견훤은 전주로 천도하여 정치적 안정을 이룬 다음에 도성과 궁궐을 축조하고 관부를 설치하는 등 국가체제를 정비하였다. 또한 정식으로 왕위에 올라 정개(正開)라는 연호를 사용하였다. 견훤은 신라를 의식하던 단계에서 칭제건원(稱帝建元)과 설관분직(設官分職)을 통하여 후백제가 천하의 중심 국가임을 표방하였다.

견훤은 국가체제를 정비한 후 영토확장을 위해 신라 방향, 서남해 방향으로 적극 진출하였다. 견훤이 가장 먼저 진출한 곳은 경남의 서부 지역에 위치한 신라의 영역이었다. 견훤은 901년에 군대를 보내 경남 합천에 위치한 대야성을 공격하였다. 후백제는 대야성을 함락하지 못하였지만 팔량치와 육십령 등의 소백산맥을 넘나드는 교통로와 그 인근지역을 장악하였다. 또한 강주(진주)를 비롯하여 사천과 고성 등의 경남 서남부 해안지역을 차지하였다.

후백제가 경남 서남부지역으로 진출하자 궁예는 상주를 비롯한 경북 서북지역으로 군대를 파견하여 904년에 상주 등 30여 현을 차지하는 성과를 올렸다. 궁예가 상주를 비롯한 경북 서북지역을 석권하자 공주 장군 홍기(弘奇)가 투항하면서 마진의 영역은 금강을 넘어 공주 일대까지 미치게 되었다.

견훤은 궁예가 남정북벌을 통하여 사방으로 영역을 확장하자 그 기세를 꺾기 위하여 반격을 도모하였다. 견훤과 궁예는 경북 서북지역의 지배권을 확보하기 위해 정면 승부를 벌이게 되었다. 양군의 접전은 상주의 사화진과 그 부근에서 906년부터 907년에 걸쳐 전개되었다.

양군은 수 차례의 격렬한 공방전을 전개하였으나 후백제가 패배하여 상주와 그 인근지역을 마진에 넘겨주고 말았다. 견훤은 사화진 전투에서 당한 패배를 만회하기 위하여 다음 해에 군대를 일으켰다. 후백제군은 충북 영동에서 추풍령을 넘어 김천과 선산 방향으로 진출하여 선산을 비롯한 김천, 칠곡 일원에 분포된 10여 성을 장악하였다. 후백제는 추풍령을 넘어 낙동강 중류지역을 장악하여 마진의 남하를 견제하고 경주로 진출할 수 있는 거점을 마련하였다.

제3장에서는 후백제의 서남해지역 경략과 호족세력의 동향을 909~914년 사이에 몽탄나루와 나주성 등의 육상과 해상에서 벌어진 공방전을 중심으로 살펴보았다.

후백제는 광주를 비롯한 내륙지역과 여수와 순천 등의 동부지역은 건국 초기에 장악하였지만, 나주를 비롯한 서남해지역은 차지하지 못하였다. 후백제가 배후에 위치한 서남해지역을 차지하지 못한 것은 900년에 전주로 천도한 배경이 되기도 하였다. 후백제는 903년에 대야성 공략에 실패한 후 귀환하면서 나주의 금성(錦城)을 약탈하였는데, 서남해지역 경략의 신호탄이 되었다.

서남해지역의 해상세력은 후백제의 압박에 맞서 궁예정권에 귀부하여 후원을 받았다. 궁예정권은 서남해지역의 해상세력이 귀부를 청한 것을 계기로 하여 지배권을 확보하는 단계까지 나가지는 못했지만, 선편을 이용하여 나주지역을 왕래하면서 일정한 영향력을 행사하게 되었다.

서남해지역의 중심지에 해당하는 영산강 하류지역은 오늘날과는 달리 내해가 발달하여 나주와 영암 일대까지 만(灣)을 이루었다. 이곳은 저평하게 발달한 구릉 사이를 해수가 밀고 올라와 곳곳에 작은 반도와 만을 형성하여 상대포, 구진포, 덕진포, 영산포를 비롯한 많은 포구들이 존재하여 해상세력이 활동할 수 있는 좋은 여건을 형성하였다.

후백제의 서남해지역 경략은 909년부터 본격화되어 914년까지 지속적으로 이루어졌다. 견훤은 909년에 직접 선단을 이끌고 서해를 거쳐 영산 내해(榮山內海)로 진입하여 나주로 향하였고, 무주성주 지훤은 육군을 이끌고 후원하였다.

후백제는 전략적으로 중요한 서남해의 부속 도서를 점령하였지만, 그 중심지에 해당하는 나주를 차지하지 못하고 대치하고 있던 상태에서 왕건이 직접 이끌고 내려온 마진의 수군과 일대 격전을 치르게 되었다. 양군은 나주와 무안의 경계에 위치한 몽탄나루 부근에서 육전과 해전을 펼쳐 마진이 승리하였다. 마진은 몽탄 전투에서 승리하여 서남해지역을 실질적으로 장악하게 되었다.

후백제는 몽탄 전투에서 패배하여 밀려났지만 서남해의 주요 도서를 장악하고 있던 능창과 연대하여 마진의 해상 진출을 차단한 채 다시 공격을 도모하였다. 그러나 능창은 여러 섬의 해상세력과 긴밀한 연락을 하던 중에 왕건의 수하에게 사로잡혀 살해되고 말았다. 견훤은 능창과 연대하여 마진이 장악한 서남해지역 회복을 추진했던 계획을 포기할 수밖에 없었다.

견훤은 910년에 이르러 몽탄 전투에서 당한 패전의 치욕을 씻기 위하여 몸소 보병과 기병 3천 명을 동원하여 나주의 금성산성을 공격하였으나 함락하지 못하였다. 궁예는 911년에 왕건을 나주로 보내 위무작전을 수행케 하면서 금성을 나주(羅州)로 개칭하는 등 실질적으로 서남해지역을 영유하게 되었다. 이로써 서남해지역은 마진의 수중에 완전히 장악되고 후백제는 광주지역마저 공격받기에 이르렀다. 궁예는 서남해지역의 전과를 바탕으로 911년 마진에서 태봉(泰封)으로 국호를 바꾸고 연호를 수덕만세(水德萬歲)로 삼는 등 국가체제를 정비하였다.

후백제는 912년에 다시 수군을 보내 덕진포에서 태봉과 격전을 치렀으나 소기의 성과를 거두지 못하였다. 견훤은 914년에 서남해지역을 총괄하던 왕건이 돌아간 틈을 이용하여 군소 호족들을 포섭하여 태봉에 반기를 들도록 사주하였다. 그러나 견훤의 시도는 왕건이 전함에 군사를 싣고 나주에 이르러, 반군을 진압함으로써 실패로 끝나고 말았다. 태봉은 서남해지역을 확고히 장악하여 후백제를 배후에서 견제하는 거점으로 활용하였다. 후백제가 서남해지역을 차지한 것은 928년 11월 공산 전투에서 대승을 거둔 이후에야 이루어졌다.

제4장에서는 궁예정권의 몰락과 그에 편승한 후백제의 영역확장에 대하여 살펴보았다. 왕건의 즉위와 고려의 건국에 따른 정국 혼란을 이용한 후백제의 북진정책과 경남 서부지역으로 진출하는 과정에서 벌어진 대야성 전투에 대해서도 검토하였다.

후백제는 왕건이 918년에 궁예를 축출하고 왕위에 오르면서 정국의 혼란이 일어나자 북진정책을 펼쳐 충청지역으로 영역확장을 도모하였다. 견훤은 왕건에 저항하는 청주의 호족들을 포섭하여 영역확대를 도모하였다. 후백제의 청주지역 진출은 실패로 끝났지만, 청원군 문의면 일대와 충남 연기군의 일부 지역까지 차지하였다.

후백제가 이들 지역을 장악한 것은 보은군 회인면에 위치한 매곡성 출신의 경종이 반란을 도모하다가 발각되어 주살된 이후였다. 공직을 비롯한 매곡지역의 사람들은 경종이 임춘길과 함께 일으킨 모반이 실패로 끝나자 신변의 위협을 느끼고 후백제에 복속하였다. 그 외에 금강 이북에 위치한 웅주(熊州 : 공주)와 운주(運州 : 홍성)를 비롯한 부여·서천·보령·청양·조치원 등 충남 서남지역의 10여 주현의 호족들도 고려의 지배를 거부하고 후백제에 항복하였다.

공주와 운주를 비롯한 금강 이북지역의 호족들이 후백제에 항복한 것은 918년 8월 환선길과 이흔암이 왕건에 맞서 일으킨 모반사건의 실패가 계기가 되었다. 이흔암은 왕건이 태봉을 무너뜨리고 고려를 건국하자 임지를 이탈하여 철원으로 올라와 반역을 꾀하다가 주살되었다. 후백제는 이흔암이 무단으로 공주의 임지를 이탈하면서 많은 사졸들이 도망하자 그 틈을 타고 북상하여 웅주를 차지하였다.

후백제는 웅주지역 장악에 그치지 않고 북상하여 홍성을 치소로 하는 운주마저 차지하였다. 그러나 후백제는 고려군의 저지를 받아 아산과 서산 및 천안 일대까지 올라가지 못하였고, 예산 방향으로 북상하여 임존성을 장악한 것으로 만족할 수밖에 없었다.

견훤은 충청지역의 승세를 타고 경남 내륙지역 진출을 도모하면서 920년 10월에 합천의 대야성을 공격하였다. 후백제는 경남 서부의 함양·거창·산청 등의 내륙지역은 장악하고 있었으나, 진주 등의 남부 해안지역은 강주장군 윤웅이 고려에 귀부하면서 상실하였다. 또한 신라가 920년 정월에 고려와 수교하여 우호관계를 맺는 등 경상지역의 전황이 불리해지고 있었다. 견훤은 경상지역에서 초래된 열세를 만회하기 위하여 대야성 공격을 추진하였던 것이다.

견훤은 대야성을 함락한 후에 그 여세를 몰아 구사(仇史 : 합천 초계 또는 창원)를 점령하고 진례군(進禮郡 : 김해시 진례면)까지 진격하였으나, 왕건이 군사를 보내 신라를 후원하자 물러나고 말았다. 후백제는 왕건의 신라 구원을 양국의 군사연대로 파악하여, 신라에 대한 무차별적인 공격에 나섰다. 경상지역 호족들은 고려와 후백제 사이에서 자신들의 이익과 편의에 따라 귀부하는 자들이 속출하였다.

제5장에서는 924년에 벌어진 제1차 조물성 전투부터 927년의 공산 전투까지를 살펴보았다. 후백제는 왕건의 즉위과정에서 초래된 혼란을 틈타 금강을 넘어 홍성-예산-차령-조치원-연기-보은-청원 문의를 잇는 선까지 북상하였으며, 경상지역에서는 합천의 대야성을 함락한 후 김해지역까지 진출하는 성과를 올렸다.

후백제는 고려가 신라와 우호관계를 맺고 경상지역에서 군사행동을 같이하자 다소 밀리게 되었다. 경상지역의 호족들은 고려가 후백제의 동진정책을 차단하자 왕건에게 귀부하는 자들이 속출하였다. 견훤은 경상지역에서 주도권을 잃자 전세를 만회하기 위해 성주 가천면 독용산성으로 추정되는 조물성을 공격하였다.

조물성은 고려가 경산부 호족 양문(良文)의 복속을 받아들인 후 점거한, 낙동강 중류의 서안에 위치한 중요한 요새지였다. 조물성 전투는 924년 7월과 925년 10월 두 차례에 걸쳐 벌어졌는데, 양국이 승부를 결정하지 못하고 화친을 맺고 끝나게 되었다.

제1차 조물성 전투는 견훤의 큰 아들 신검이 병력을 이끌고 공격에 나섰으나, 성민들이 잘 방어하여 후백제군은 큰 성과 없이 물러났다. 제2차 전투 역시 승패를 결정하지 못하고 후백제가 승기를 장악한 상태에서 화친이 이루어졌다. 양국 사이에 맺어진 화친은 자세한 내용은 알 수 없지만 후백제에게 유리한 방향으로 체결되었다.

후백제는 고려군이 물러간 후 낙동강 서안지역을 모두 석권하였다. 후백제는 예천과 문경 등의 상류지역과 고령과 성주 등의 중류지역을 비롯하여 김해와 창원 등의 하류지역까지 차지하였다. 후백제가 이들 지역을 차지한 것은 군사적 성과 외에 고려와 맺었던 화친을 통해 이루어진 것으로 판단된다.

후백제는 조물성 전투에서 수세에 처한 고려군의 안전한 후퇴를 보장하고 그 대가로 낙동강 서안지역의 장악을 묵인 받았다. 후백제는 2차 조물성 전투에서 사실상 승리하여 낙동강 서안지역을 석권하고 전세를 유리하게 이끌었다. 고려의 건국 이후 경상지역에서 일진일퇴를 거듭해 온 양국의 대립은 후백제의 잠정적인 승리로 돌아갔다.

양국은 화친을 존중하여 한동안 전쟁을 벌이지 않았으나 926년 4월에 이르러 후백제가 고려에 인질로 보낸 진호의 사망을 계기로 다시 포문이 열렸다. 후백제는 고려를 몇 차례에 걸쳐 공격하였으나 별다른 성과를 올리지 못하였고, 고려는 결전을 피하면서 방어에 만전을 기할 뿐이었다.

고려는 927년 1월에 왕건이 직접 군대를 이끌고 죽령을 넘어 예천의 용궁지역을 기습하면서 반격에 나섰다. 고려는 경북 예천 외에 충청의 홍성과 문경을 927년 3월에 공격하였고, 4월에는 수군을 동원하여 진주 부근의 여러 도서를 점령하였다.

고려는 진주지역과 그 인근의 도서를 장악한 후 다시 방향을 선회하여 공주를 공격하였다. 고려는 927년 7월에는 대야성을 함락하는 등 예천을 공격한 이래 후백제가 차지하고 있던 여러 지역을 돌아가면서 공격하였다. 왕건은 승전에 고무되어 927년 8월에 이르러 경북 북부지역을 출발하여 남으로 내려오면서 진주까지 순행하였다. 왕건이 순행에 나서자 경상지역의 많은 호족들이 호응하여 고려에 귀부하였다.

후백제는 고려의 거듭되는 공격을 받아 수세에 밀린 상황을 타개하기 위해 927년 9월에 견훤이 직접 문경의 근품성(近品城)을 공격하면서 국면 전환에 나섰다. 견훤은 고려가 장악하고 있던 근품성을 함락하여 불태운 후 고울부(영천)를 거쳐 신라의 경주를 공격하여 함락하였다.

견훤은 경애왕을 자살하도록 강요한 후 경순왕을 옹립하고 포로와 기술자 등을 데리고 귀환에 올랐다. 후백제군은 경주에서 철병하여 영천을 거쳐 대구 공산 부근에 이르러 신라 구원에 나선 고려군과 조우하였으며, 양국은 국가의 운명을 걸고 공산 전투로 불리는 대회전을 벌이게 되었다.

후백제는 서전에서 패배하여 다소 밀리는 양상을 보였으나, 동화사 부근에 위치한 파군재라는 불리는 곳에서 고려군을 대파하였다. 고려군은 참패를 당하여 병력의 대부분을 상실하였으며, 왕건은 신숭겸과 김락 등의 도움으로 겨우 목숨을 부지하였다.

후백제는 공산 전투에서 대승을 거둔 후 고려의 영향력 하에 있던 경상지역 점령에 나섰다. 후백제는 칠곡과 성주로 진출하여 고려가 충주에서 계립령을 넘어 문경-상주-김천을 거쳐 경주로 통하는 길목을 차단하였으며, 얼마 전에 상실한 대야성을 비롯하여 경남 서부지역을 회복하였다. 그 외에도 진주지역을 장악하여 고려의 남해안지역 해상 활동을 견제할 수 있게 되었다.

제6장에서는 후백제가 고려에 패배하여 전세가 일거에 역전된 고창 전투에 대하여 살펴보았다. 또한 후백제가 고창 전투에서 패배를 당한 이후 쇠퇴의 조짐을 보이면서 충청지역에서 고려와 벌인 공방전을 운주 전투를 중심으로 고찰하였다.

후백제는 공산 전투 승리 이후 경상지역의 주도권을 장악하여 전황을 유리하게 이끌면서 충청지역으로 전역(戰域)을 확대하였다. 양국은 긴장감이 높아지는 가운데 요충지에 축성하면서 몇 차례의 국지전을 전개하였다. 그 와중에 후백제는 고려의 동태를 감시하기 위해 치열한 첩보전을 펼쳤다.

또한 후백제는 공산 전투의 승세를 타고 건국 이래 숙원이었던 서남 해지역을 점령한 쾌거를 올렸다. 후백제는 공산 전투에서 승리한 이후 고창 전투 이전까지 2년여 동안 고려를 압도하였다. 후백제는 최전성기를 구가하였으며, 그 영역은 서산－당진－온양－천원－조치원－청주(문의)－보은－옥천－김천－선산－안동－의성－군위－대구－고령－의령－함안－마산을 연결하는 선을 경계로 하였다.

후백제와 고려는 929년 후반기부터 의성과 문경 등에서 다시 치열한 공방전을 벌이게 되었다. 양국의 대립은 929년 12월부터 930년 정월 사이에 벌어진 고창 전투로 이어졌다. 견훤은 고창(안동)의 호족들이 복속하지 않고 고려를 지지하자, 직접 군대를 이끌고 고려군 3천이 주둔한 고창군을 공격하였다.

후백제군은 유금필의 기습을 받아 안동시 와룡면에 위치한 석산으로 물러나 진을 쳤으며, 고려군은 맞은편의 병산에 진을 치고 본격적인 결전에 들어갔다. 후백제는 고려군에게 참패를 당하여 안동지역에서 밀려났으며, 고창 전투는 고려가 후삼국 통일전쟁의 주도권을 장악하는 계기가 되었다.

고려가 전세를 역전하여 주도권을 장악하자 경상지역의 호족들은 하나 둘씩 고려에 복속하기 시작하였다. 후백제는 고창 전투의 패배에도 불구하고 낙동강 동쪽의 의성과 군위 일대를 유지하였고, 고려는 기존에 차지한 영주·풍기·예천·문경·상주 외에 청송과 안동 등

30여 군현을 확보하게 되었다.

고려는 조물성 전투와 공산 전투 이후 일방적으로 밀렸던 수세를 만회하고 후백제와 더불어 후삼국 통일을 향한 본격적인 자웅을 겨루게 되었다. 또한 신라는 거의 대부분의 영역을 상실하고 고려의 영향력 하에 놓이게 되었다.

전세가 고려로 기울기 시작하자, 932년 6월에는 보은군 회인면에 위치한 매곡성의 성주 공직(龔直)이 후백제를 배반하고 고려에 귀부하는 사태가 발생하였다. 후백제는 공직이 고려로 투항하면서 충북지역 지배가 흔들리게 되었다. 고려는 청주의 문의지역과 보은군 일원을 석권하고 후백제를 대전과 옥천 방면으로 밀어냈다.

또한 고려는 보은을 차지하면서 화령로를 장악하여 소백산맥을 넘어 상주로 이어지는 교통로를 확보하였다. 이로써 고려는 충청지역에서 소백산맥을 넘어 경상지역으로 연결되는 화령, 계립령, 죽령을 장악하게 되었다. 견훤은 전세가 약화되고 지방통치가 흔들리게 되자 왕자들을 도독으로 삼아 주요 지역에 파견하였다. 견훤은 양검을 강주도독, 용검을 무주도독으로 삼아 지방통치를 강화하였다.

후백제는 지방통치를 강화하면서 932년 가을에 수군을 동원하여 예성강 유역에 위치한 염주(鹽州), 백주(白州), 정주(貞州)와 평북 용천에 위치한 대우도(大牛島)를 공격하였다. 후백제는 육전의 열세를 극복하기 위하여 수군을 동원하여 고려 경내를 급습하여 일정 정도의 전과를 올렸다. 양국 사이에 다시 전면전이 발생한 것은 고창 전투가 끝난 3년 후에 이루어졌다.

후백제는 고창 전투 이후 모든 전선에서 밀리는 양상을 보이자 전열을 가다듬어 933년 여름부터 반격을 개시하였다. 견훤의 큰 아들 신검은 후백제군을 이끌고 혜산성(槥山城)과 아불진(阿弗鎭) 등지를 거쳐 경주까지 육박하였으나, 유금필이 이끈 고려군에 의하여 밀려나고 말았다.

양국 사이에 대규모 교전이 벌어진 것은 934년 9월에 이르러 충남 홍성에서 전개된 운주 전투였다. 후백제는 견훤이 직접 정예군사 5천 명을 이끌고 출전하였으나 고려군의 기습을 받아 맥없이 무너져 대참패를 당하였다.

견훤은 고려 진영에 화친을 제의한 후 전열을 정비하지 않고 있다가 기습 공격을 받아 대패하였다. 후백제가 운주 전투에서 대패를 당하자 금강 이북지역의 30여 성이 일시에 고려에 투항하였다. 또한 후백제는 고려의 남하를 저지하는 북방의 전진기지 역할을 하였던 공주마저 잃고 말았다.

제7장에서는 후백제의 왕위계승 분쟁으로 촉발된 정변 발생과 후백제·고려 사이에 최후의 승부를 겨루었던 일리천 전투를 중심으로 후백제의 멸망과정을 살펴보았다.

후백제는 운주 전투의 패배에 따른 충격 속에서 70세를 바라보는 연로한 견훤의 후계문제를 둘러싸고 왕위계승분쟁이 일어났다. 신검은 935년 3월에 정변을 일으켜 견훤을 금산사에 유폐하고 이복동생 금강을 죽인 후 왕위에 올랐다. 신검은 노쇠한 견훤이 권신의 농간에 말려 국정을 제대로 챙기지 못하고 운주 전투에서 패배한 후유증에 시달리자 조야의 반감을 이용하여 정변을 성공으로 이끌었다.

그러나 후백제는 신검의 즉위 과정에서 촉발된 내분으로 인하여 서남해지역을 고려에 상실하고 말았다. 견훤은 권좌에서 밀려나 금산사에 유폐되어 있다가 탈출에 성공하여 나주를 거쳐 고려에 투항하였다. 견훤이 고려로 넘어가자 그의 사위이며 순천지역에 기반을 두고 있던 박영규마저 투항하는 등 후백제의 내분은 더욱 악화되었다.

후백제가 운주 전투의 패배와 내분 등으로 약화되자 고려는 936년 5월에 이르러 총공격을 개시하였다. 후백제와 고려는 병력을 총동원하여 선산 일리천에서 최후의 대결을 펼쳤다. 후백제군은 중과부적 상태에서 신검이 머무르고 있던 중군이 고려군의 집중 공격을 받아 무너지면서 대패하고 말았다. 후백제군은 장군 흔강(昕康)을 비롯하여 3,200명이 포로가 되고 5,700명이 전사하였다.

신검은 패잔병을 수습하여 추풍령을 넘어 충남 논산시 연산면의 마성(馬城)에서 전열을 정비하였다. 신검은 왕건이 병력을 이끌고 탄현을 넘어 진격해오자, 전력의 절대적인 열세와 땅에 떨어진 사기로는 저항이 불가능함을 깨닫고 아우 양검·용검과 문무 관료들을 데리고 항복하였다. 왕건은 신검의 항복을 받아들여 더 이상 피를 흘리지 않고 전주에 무혈 입성하여 후삼국 통일의 주인공이 되었다.

참고문헌

1. 기본사료

『三國史記』   『三國遺事』
『高麗史』   『高麗史節要』
『擇里志』   『舊唐書』
『新唐書』   『新增東國輿地勝覽』
『東文選』   『世宗實錄』
『續日本記』   『扶桑略記』

2. 저서

金甲童, 1990,『羅末麗初의 호족과 사회변동연구』, 고려대민족문화연구소.

文暻鉉, 1987,『高麗太祖의 後三國統一硏究』, 형설출판사.

문안식·이대석, 2004,『한국고대의 지방사회』, 혜안.

문안식, 2006,『백제의 흥망과 전쟁』, 혜안.

朴龍雲, 1985,『高麗時代史』, 일지사.

서영일, 1999,『신라육상 교통로 연구』, 학연문화사.

徐程錫, 2002,『百濟의 城郭』, 학연문화사.

성춘경, 1999,『전남 불교미술 연구』, 학연문화사.

申瀅植, 1990,『통일신라사연구』, 삼지원.

申虎澈, 1993,『後百濟甄萱政權硏究』, 일조각.

유영철, 2005,『고려의 후삼국 통일과정 연구』, 경인문화사.

윤여정, 1998,『한자에 빼앗긴 토박이 땅이름』, 향지사.

李基白, 1990,『韓國史新論』수정판, 일조각.

李道學, 1998,『진훤이라 불러다오』, 푸른역사.

李丙燾, 1977, 『國譯三國史記』, 을유문화사.

이재범, 1999, 『슬픈궁예』, 푸른역사.

이재범, 2007, 『후삼국시대 궁예정권 연구』, 혜안.

鄭淸柱, 1996, 『新羅末·高麗初 豪族硏究』, 일조각.

崔根泳, 1993, 『통일신라시대의 지방세력연구』, 신서원.

河炫綱, 1988, 『韓國中世史硏究』, 일조각.

許興植, 1986, 『고려불교사연구』, 일조각.

3. 연구논문

姜鳳龍, 2001, 「견훤의 세력기반 확대와 전주 정도」, 『후백제 견훤정권과 전
　　　　주』, 주류성.

金甲童, 1999, 「후백제 영역의 변천과 멸망 원인」, 『후백제 견훤정권과 전주』,
　　　　전북전통문화연구.

김경수, 1997, 「영산강유역의 수운」, 『영산강유역사연구』, 한국향토사연구전
　　　　국협의회.

金光洙, 1985, 「장보고의 정치사적 위치」, 『장보고의 신연구』, 완도문화원.

金杜珍, 1986, 「신라하대 崛山門의 형성과 사상」, 『성곡논총』 17.

金杜珍, 1988, 「羅末麗初 桐裏山門의 성립과 그 사상」, 『동방학지』 57.

金庠基, 1966, 「甄萱의 家鄕에 대하여」, 『李秉岐博士頌壽紀念論文集』.

金壽泰, 1991, 「신라 중대 전제왕권과 진골귀족」, 서강대 대학원 박사학위논
　　　　문.

金壽泰, 1999, 「全州 遷都期 甄萱政權의 變化」, 『한국고대사연구』 15.

金壽泰, 1999, 「후백제 견훤정권의 성립과 농민」, 『백제연구』 29.

金英美, 1985, 「통일신라시대 아미타신앙의 역사적 성격」, 『한국사연구』 50·
　　　　51合.

金井昊, 1986, 「史料 따라 가보는 後百濟紀行」, 『藝響』 9·10·12월호.

文暻鉉, 1986, 「고려태조의 후삼국통일연구」, 영남대 박사학위논문.

文秀鎭, 1987, 「고려건국기의 나주세력」, 『성대사림』 4.

文安植, 2003, 「王仁의 渡倭와 상대포의 해양교류사적 위상」, 『한국고대사연
　　　　구』 32.

朴敬子, 1982, 「甄萱의 勢力과 對王建關係」, 『淑大史論』 11·12合.

朴貞柱, 1984, 「신라말·고려초 獅子山門과 政治勢力」, 『진단학보』 77.

朴漢卨, 1973, 「後百濟 金剛에 대하여」, 『大邱史學』 7·8合.

朴漢卨, 1985, 「羅州道大行臺考」, 『江原史學』 1.

朴漢卨, 1993, 「고려의 건국과 호족」, 『한국사』 12, 국사편찬위원회.

邊東明, 2000, 「甄萱의 出身地 再論」, 『震檀學報』 90.

邊東明, 2002, 「고려시기 순천의 山神·城隍神」, 『歷史學報』 174.

成正鏞, 2000, 「後百濟都城과 防禦體系」, 『후백제와 견훤』, 서경문화사.

成周鐸, 1976, 「신라 삼년산성 연구」, 『백제연구』 7, 충남대 백제연구소.

成周鐸, 1990, 「백제 탄현 소고」, 『백제논총』 2집.

申瀅植, 1990, 「통일신라전제왕권의 성격」, 『통일신라사연구』, 삼지원.

申虎澈, 1996, 「후삼국의 성립 : 후백제」, 『한국사』 11, 국사편찬위원회.

申虎澈, 1997, 「高麗의 建國과 鎭州 林氏의 역할」, 『중원문화논총』 1, 충북대
    중원문화연구소.

申虎澈, 2000, 「후백제 견훤 왕의 역사적 평가와 그 의미」, 『후백제와 견훤』,
    서경문화사.

申虎澈, 2001, 「후삼국 건국세력과 청주 지방세력」, 『신라 서원소경 연구』,
    서경문화사.

유영철, 1999, 「고창전투와 후삼국의 정세변화」, 『한국중세사연구』 7.

유영철, 2001, 「일리천전투와 후백제의 패망」, 『대구사학』 63.

尹熙勉, 1982, 「신라하대의 성주·장군」, 『한국사연구』 39.

李基東, 1978, 「羅末麗初 近侍機構와 文翰機構의 擴張」, 『歷史學報』 77.

李基東, 1996, 「귀족사회의 분열과 왕위쟁탈전」, 『한국사11-신라의 쇠퇴와 후
    삼국』, 국사편찬위원회.

李基白, 1958, 「신라 혜공왕대의 정치적 변혁」, 『사회과학』 2.

李基白, 1974, 「고려귀족사회의 성립」, 『한국사』 4, 국사편찬위원회.

李基白, 1994, 「한국 풍수지리설의 기원」, 『한국사시민강좌』 14.

李道學, 2001, 「진훤의 출생지와 그 초기 세력기반」, 『후백제 견훤정권과 전
    주』, 주류성.

李道學, 2006, 「신라말 견훤의 세력형성과 교역」, 『신라문화』 28.

이재범, 1992, 「후삼국시대 궁예정권의 연구」, 성균관대 박사학위논문.

李海濬, 1995, 「역사적 변천」, 『완도군의 문화유적』, 목포대 박물관.

李喜寬, 2000, 「견훤의 후백제 건국과정상의 몇 가지 문제」, 『후백제와 견훤』,
    서경문화사.

임영진, 1995, 「광주 누문동 통일신라 건물지 수습조사 보고」, 『호남고고학보』
    2.

전영래, 2001, 「후백제와 전주」, 『후백제 견훤정권과 전주』, 주류성.

정경현, 1990, 「고려 태조의 일리천 戰役」, 『한국사연구』 68.

鄭淸柱, 1986, 「궁예와 호족세력」, 『全北史學』 10.

鄭淸柱, 1988, 「신라말 고려초 호족의 형성과 변화에 대한 一考」, 『역사학보』 118.

鄭淸柱, 1991, 「신라말·고려초 호족연구」, 전북대 대학원 박사학위논문.

鄭淸柱, 2002, 「甄萱의 豪族政策」, 『全南史學』 19.

정태순, 2006, 「후삼국 통일의 결전 일리천 전투」, 『월간조선』.

趙仁成, 1996, 「미륵신앙과 신라사회」, 『진단학보』 82.

趙仁成, 1996, 「후삼국의 성립 : 태봉」, 『한국사』 11, 국사편찬위원회.

池內宏, 1937, 「高麗太祖の經略」, 『滿鮮史硏究中世』 2冊.

崔柄憲, 1978, 「신라말 김해지방의 호족세력과 선종」, 『한국사론』 4.

崔仁善·李順葉, 2005, 『광양 마로산성 I』, 광양시·순천대박물관.

충북대 중원문화연구소, 1998, 『보은매곡산성 지표조사보고서』.

河炫綱, 1974, 「고려왕조의 성립과 호족연합정권」, 『한국사』 4, 국사편찬위원회.

河炫綱, 1988, 「고려건국의 경위와 그 성격」, 『한국중세사연구』, 일조각.

洪承基, 1991, 「고려 태조 왕건의 집권」, 『진단학보』 71·72合.

洪承基, 1992, 「궁예왕의 전제적 왕권의 추구」, 『허선도기념한국사학논총』, 일조각.

찾아보기

232

문안식 (文安植)

1967년 전남 화순 출생
한국 고대사 전공(문학박사)
한신대학교 학술원 연구교수 역임
현재 조선대학교 사학과 객원교수

논저
『백제의 영역 확장과 지방통치』(2002)
『한국 고대사와 말갈』(2003)
『한국 고대의 지방사회』(2004)
『백제의 흥망과 전쟁』(2006)
『백제의 왕권』(2008) 외 다수

후백제 전쟁사 연구

2008 년 12월 13일 초판 1쇄 발행

펴낸이 · 오일주
펴낸곳 · 도서출판 혜안
등록번호 · 제22-471호
등록일자 · 1993년 7월 30일

⑨ 121-836 서울시 마포구 서교동 326-26번지 102호
전화 · 3141-3711~2 / 팩시밀리 · 3141-3710
E-Mail hyeanpub@hanmail.net

ISBN 978-89-8494-356-8   93910

값 21,000 원